Raúl Eduardo Chao

Adoctrinamiento en Cuba

Tres generaciones de Cubanos sometidos a las tergiversaciones y falsedades del Marxismo.

Algunas definiciones:

Sá·tra·pa

Persona ladina, que actúa con malicia y que abusa de su poder o autoridad.

Tu·nan·te

Persona que vive holgazaneando y aprovechándose del trabajo de otros.

Ma·lan·drín

Malvado, perverso, mal intencionado, indigno, mezquino, roñoso y tiñoso.

Vi·lla·no

Que actúa o es capaz de actuar de forma ruin o cruel.

A·doc·tri·na·mien·to

El **adoctrinamiento** o **indoctrinación** es el conjunto de medidas educativas y de propaganda utilizadas por una autoridad para inculcar determinados valores o formas de pensar en los sujetos a que van dirigidas. Está ligado estrechamente a la implantación de una ideología y siempre conlleva procesos educativos, debido al **poder punitivo** que pueden ejercer tanto el personal docente como los cuerpos directivos de las instituciones educacionales. Hay dos formas o categorías de adoctrinamiento; una es enseñar a partir de **preconcepciones** que son simplemente opiniones o contenido que no está sujeto a comprobación. La otra es la **negación de ideas** que no se ajusten a las de la autoridad y la eliminación de cualquier libre expresión que provoque una **confrontación** con el ideario de las autoridades punitivas.

DEL MISMO AUTOR:

Historia de la Química Industrial
Total Quality and Productivity Management
Performance Management
Strategic Planning
Management Development
Process Improvement Teams
Quality Strategies
Gestión de Futuro

Contramaestre
Baraguá
Poemas y Memorias de Cuba
Jimaguayú
Guáimaro
Freedom Embattled
Colonial Cuba
Republican Cuba
Exiled Cuba
Three Days in March
Raíces Cubanas
Álbum de Cuba
Rescatando a Martí
Un Festin de Palabras
Damn the Revolution
Madame Secretary
La Gran Estafa
La Memorias del Almirante Cervera
Matanzas en la Independencia de Cuba
La Guerra del 1868
La Tregua Fecunda
La Guerra del 95
Our Consul in Havana
El Diario de Guerra de Máximo Gómez
Cuba bajo la Bandera Norteamericana
Cuba en 1958
Cuba en 1959
Cataclysm or Hoax
Marxists at the Gate
Marxistas en las Puertas
Crowds
Cuba and Spain
Cuba in 1933
Villanos, Marxistas y Marrulleros
Cartas y Documentos de Cuba
Marxistas a las Puertas

COLECCIÓN CUBA Y SUS JUECES

DEDICATORIA

A tres generaciones de Cubanos que
fueron sometidos al adoctrinamiento pernicioso
de los Comunistas durante sus estudios
en la Escuela Secundaria Cubana, forzándolos
a asimilar falsedades sobre nuestra historia
y nuestros valores patrios.

A los Cubanos de esas generaciones que
no aceptaron esas tergiversaciones,
y emigraron fuera de la patria,
a pesar de recordar con nostalgia
sus uniformes de pioneros y las
célebres pañoletas conque trataron
de entusiasmarlos.

A los Cubanos que quedan en la isla
sin la oportunidad ni los medios para
emigrar fuera de ese enclave Comunista,
y continúan protestando y rebelándose
en contra del sistema antipatriótico que
el Marxismo ha establecido en su patria.

EDICIONES UNIVERSAL, Miami, Florida, 2022

Un fantasma recorre Europa: el fantasma del Comunismo. Todas las fuerzas de la vieja Europa se han unido en santa cruzada para acosar a ese fantasma: el Papa y el zar, Metternich y Guizot, los radicales franceses y los polizontes alemanes.

¿Qué partido de oposición no ha sido motejado de comunista por ha lanzado, tanto a los representantes de la oposición, más avanzados, como a sus enemigos reaccionarios, el epíteto mortificante de comunista?

De este hecho resulta una doble enseñanza:

Que el comunismo está ya reconocido como una fuerza por todas las potencias de Europa.

Que ya es hora de que los comunistas expongan a la faz del mundo entero sus conceptos, sus fines y sus tendencias, que opongan a la leyenda del fantasma del comunismo un manifiesto del propio partido.

Con este fin, comunistas de las más diversas nacionalidades se han reunido en Londres y han redactado el siguiente "Manifiesto", que será publicado en inglés, francés, alemán, italiano, flamenco y danés.

Karl Marx   *F. Engels*

El **"Manifiesto del Partido Comunista"** fue escrito por Marx y Engels como programa de la *Liga de los Comunistas*. Se publicó por primera vez en Londres, en Febrero de 1848, en varios idiomas. La edición Inglesa apareció en 1888. En el Manifiesto Marx y Engels establecieron los fundamentos y el programa de lucha del proletariado. Según definió Lenin...«*Esta obra expone, con una claridad y una brillantez geniales, la nueva concepción del mundo, el materialismo consecuente aplicado también al campo de la vida social, la dialéctica como la más completa y profunda doctrina del desarrollo, la teoría de la lucha de clases y del papel revolucionario histórico mundial del proletariado como creador de una sociedad nueva, Comunista*»

Tres de los más grandes colegios de Cuba antes del Marxismo: **Colegio de Belén, Colegio de La Salle, Escuelas Pías de Guanabacoa**. Después de la llegada del Marxismo, **Belén** ha sido militarizado, **La Salle del Vedado** reducida a ruinas y escombros, los **Escolapios de Guanabacoa** convertidos en un centro de adoctrinamiento Marxista.

[ver la página 20 de este libro]

Raúl Eduardo Chao

Adoctrinamiento en Cuba

Tres generaciones de Cubanos sometidos a las tergiversaciones y falsedades del Marxismo.

Copyright © 2022 por Raúl Eduardo Chao.

_____

Primera edición, 2022

EDICIONES UNIVERSAL
P.O. Box 450353 (Shenandoah Station)
Miami, FL 33245-0353. USA
(Desde 1965)
e-mail: ediciones@ediciones.com
http://www.ediciones.com

Library of Congress Catalog No.: 2022943032

ISBN: 978-1-59388-8-327-0

Cubiertas:
Jóvenes Cubanos adoctrinados a muy temprana edad por el Marxismo

Diseño de las Cubiertas:
Luis García Fresquet

Todos los derechos son reservados. Ninguna parte de este libro puede ser reproducida o transmitida en ninguna forma o por ningún medio electrónico o mecánico, incluyendo fotocopiadoras, grabadoras o sistemas computarizados, sin el permiso por escrito del autor, excepto en el caso de breves citas incorporadas en artículos críticos o en revistas. Para obtener información diríjase a **Ediciones Universal**.

Tabla de Contenido

Introducción.	10
Prólogo.	11
Sobre el libro **Bases, fines y Objetivos de la Educación en Cuba.**	15
Sobre el libro **Historia de Cuba**	21
Quién es quién?	
Fidel Castro Ruz	114
Ernesto Che Guevara	120
Raúl Castro Ruz	123
Carlos Baliño	127
Los Olvidados	130
Apéndices:	
Breve Historia de la Educación en Cuba	139
El Modelo de la Escuela Secundaria Básica	148

Introducción

No hay duda de que el más exitoso y extenso esfuerzo de adoctrinamiento en la Cuba Marxista ha sido en el sistema escolar, desde los niveles primarios hasta el ámbito universitario. Tres generaciones de jóvenes han sido sometidos a un riguroso programa de formación ideológica que ha echado raíces tan profundas que han sido difíciles de borrar aun entre los que han rechazado vivir bajo el sistema Marxista-Leninista y han abandonado su país en busca de mejores condiciones de vida intelectual, emocional y material.

En este libro presentamos las **Bases, fines y Objetivos de la Educación en Cuba**, según documentación oficial emitida por el Ministerio de Educación Cubano, y un estudio detallado del libro de texto titulado **Historia de Cuba**, utilizado universalmente a nivel Secundario en todo el sistema escolar Cubano.

Para verificación de lo presentado en este libro, sugerimos entrar en las siguientes fuentes de información que se encuentran en la internet:

Bases, fines y Objetivos de la Educación en Cuba.

http://docplayer.es/25289088-Republica-de-cuba-ministerio-de-educacion-proyecto-de-escuela-secundaria-basica.html

bajo: REPÚBLICA DE CUBA MINISTERIO DE EDUCACIÓN PROYECTO.

Historia de Cuba

https://isbn.cloud/en/9789591307514/historia-de-cuba-9-grado/

bajo: Colectivo de autores (2008). *Historia de Cuba 9º Grado*. Playa,
Cuba: Editorial Pueblo y Educación.

Prólogo

Hace más de sesenta años, el dictador Fulgencio Batista huyó de Cuba, allanando el camino para que Fidel Castro y su banda guerrillera, el *Movimiento 26 de Julio*, asumiera el poder. Castro finalmente impuso un régimen Marxista-Leninista de línea dura en la isla. Después de la caída de la Unión Soviética en 1991, y del proceso de de-Sovietización de Europa del Este, Cuba sigue siendo una de las pocas naciones Comunistas que quedan en el mundo. ¿Cómo es así?

Haber resistido más de sesenta años señala una celebración muy importante para el gobierno Cubano. Los Comunistas Cubanos se regocijan y miran al futuro con un aire de desafío. La Unión Soviética se ha ido, Estados Unidos ha estado tratando de cambiar el régimen durante más de medio siglo, pero Cuba, bajo los Comunistas, continúa haciendo las cosas a la manera de Castro. Estados Unidos rompió las relaciones diplomáticas en 1960 después de que Castro nacionalizara los intereses comerciales Estadounidenses allí. Luego, en 1962, llegó la Crisis Cubana de los Cohetes y el mundo estuvo al borde de la guerra nuclear. Antes de eso, la comunidad Cubana en el exilio, con la ayuda de la CIA, intentó una invasión de Cuba en *Bahía de Cochinos*. Cuando el gobierno de Kennedy retiró su apoyo, la lucha fracasó. Más tarde Washington impuso duras sanciones y estableció un embargo económico contra Cuba. No ha dado resultado.

En la segunda década del siglo XXI, más de 60 años después de la entrada de Castro en La Habana, gran parte de la ciudad parece estar desmoronándose. Los edificios y las casas están destrozados y en ruinas; las calles y las carreteras están en peores condiciones que durante la colonia. El Sistema Eléctrico Nacional ha estado varias veces cerca del colapso. La infraestructura está en una condición terrible. Todos los economistas dicen que Cuba atraviesa el peor período desde la caída de la Unión Soviética, cuando la URSS, su principal benefactor, colapsó. Lo mismo sucedió cuando el dictador Venezolano Hugo Chávez murió y los donativos a Cuba fueron descontinuados. En este momento, hay un creciente déficit comercial con México, Europa y casi todos los países de la tierra. Una vez más, prácticamente todo es realmente difícil en Cuba.

Hay mucha frustración en muchos hogares Cubanos; los salarios promedio son de alrededor de $20 al mes, sin embargo, salvo contadas ocasiones, no parece que haya demasiadas personas quejándose; por el contrario, parece que los residentes han sido vacunados contra las protestas y, aparentemente, la mayoría parece sentir que Cuba está bien. Como país en desarrollo, a los Cubanos se les ha vendido la fantasía de que reciben atención médica universal y educación gratuita. Un sermón constante adormece a los Cubanos; gracias al sistema Comunista *"que el pueblo se ha dado,"* pronto llegará el día de raciones de alimentos básicos para todos. Muy pocas personas se quejan de que lo que reciben o pueden conseguir por la izquierda no es suficiente; el gobierno les regaña si cuestionan la idea de que en Cuba se ha logrado mucho y el futuro será mucho mejor. La mayoría de las personas se quedan calladas y aceptan con naturalidad que la mayor parte del tiempo lo tienen que dedicar a buscar lo qué comer al día siguiente. Es la *Metodología de la Escasez* impuesta por los Comunistas. Ese es el hábito diario de todos los que no forman parte de la nomenclatura. Uno tiene que preguntarse … ¿Cómo es que los sucesores de Castro todavía están en el poder? ¿Cómo es posible que los profesionales, los estudiantes, los campesinos, los obreros, no se hayan levantado en armas para acabar con esos abusos? En los últimos años, con excepción de los incansables desfiles de las *Damas de Blanco*[1] y las valientes protestas que fueron rápidamente acalladas en *Julio del 2021*,[2] el pueblo Cubano residente en la isla parece estar dispuesto y acostumbrado a la falta de libertad.

Hay que recordar que los *Marxistas/Leninistas/Comunistas* son expertos en mantener las masas en silencio gracias a un terror inhumano y despiadado. Así lo hicieron *Vladimir Lenin, Joseph Stalin* y *Laurent Beria* en el *Gulag*. Así fueron las atrocidades cometidas por *Mao Zedong* y su sucesor *Lin Biao* en China Comunista entre 1966 y 1976, durante *La Gran Revolución Cultural Proletaria*. En un mundo acostumbrado a déspotas y autócratas como han sido Gerardo Machado, Fulgencio Batista, los Duvalier, Alfredo Stroessner, Idi Amin, Rafael Leónidas Trujillo, Josip Broz Tito, Marcos Pérez Jiménez, Mobuto Sese, Anastasio Somoza y muchos otros, ninguno de ellos ha alcanzado la perversión y el nivel de crueldad ciega que han establecido los *opresores ideológicos*, como Lenin, Stalin, Beria, Hitler, Guevara y los Castro. Nunca ha habido, sin embargo, nada tan severo en brutalidad y barbarie como la fiereza que acompaña a una ideología, ya sea fascista, nazi, marxista o comunista.

En el caso de Cuba hay que reconocer que, aun durante el *Machadato*, la supresión del *Partido Independiente de Color*, la *Revolución de 1933*, el *Régimen del 10 de Marzo*, y otros abusos masivos durante la vida republicana, siempre existió una especie de pudor nacional que hizo posible, al menos por razones familiares, o por amistad, rescatar de las manos criminales de los opresores a numerosos subversivos. Son conocidos muchos rebeldes redimidos de las galeras de Ventura Novo, Salas Cañizares,

---

[1] Desde el año 2003, las Damas de Blanco han reclamado a la última dictadura de América la libertad de sus esposos, padres, hijos, hermanos o sobrinos. Son heroicas mujeres Cubanas que con amor, dignidad y coraje destacan en sus protestas la cobardía, la vileza y el odio del sistema Comunista Cubano, siguiendo las enseñanzas del Apóstol José Martí cuando escribió: «Las campañas de los pueblos sólo son débiles cuando en ellas no se alista el corazón de mujer; pero cuando la mujer se estremece y ayuda, cuando la mujer tímida y quieta en su natural, anima y aplaude, cuando la mujer culta y virtuosa unge la obra con la miel de su cariño, la obra es invencible.»

[2] Un total de 726 personas continúan en prisión a mediados de 2022, y más de 400 juicios se han registrado en relación con las protestas de Julio 11 del 2021. Han sido enjuiciadas 95 personas por el delito político de sedición, 29 de ellas entre 16 y 20 años de edad, y 7 entre 16 y 17 años. Quedan pendientes por ese delito 63 personas, de ellas 7 son niños.

Ugalde Carillo, Conrado Carratalá, Orlando Piedra, Trujillo y Somoza. No es eso conocido en la historia de los opresores ideológicos como Hitler, Mao, Stalin, Ho Chi Ming, Ché Guevara o Raúl Castro. Un mínimo de humanidad nunca abrió en ellos un ápice de misericordia, ya haya sido por amistad, lástima o aflicción.

El ensañamiento ciego de los opresores ideológicos es frio y feroz, sin espacio para compasión, altruismo o clemencia. Y es interesantemente más feroz cuando se trata de sus propios partidarios venidos a menos. *Stalin*, por ejemplo, estaba obsesionado por el temor de tener un rival en la sucesión de Lenin como hombre fuerte. Decidió mandar a asesinar a *León Trotsky* en su propia casa-refugio de Ciudad México; primero en Mayo de 1940, infructuosamente, con una banda de asesinos dirigida por el muralista *David Alfaro Siqueiros*, un estalinista fanático, que roció de plomo la habitación de Trotsky. Más tarde, en Agosto de ese año, el asesinato fue exitosamente logrado por un excomandante de la *Columna Carlos Marx* en la Guerra Civil Española, *Ramón Mercader*, empuñando un *piolet*, una piqueta de montañismo de hoja ancha y pica puntiaguda.

Mao Zedong era de la misma condición. En Febrero de 1951, el alto mando del *Partido Comunista Chino* anunció que, a excepción de las provincias de Zhejiang y Anhui, *"... hay ciertas áreas que no están llevando a cabo una cantidad suficiente de asesinatos, sobre todo en las ciudades grandes y medianas... estas áreas deben comenzar a arrestar y matar hasta alcanzar números importantes, y no deben detenerse en el corto plazo"*. Mao incluso recomendó que *"para matar a los reaccionarios en las zonas rurales, hay que exterminar una proporción mayor del 1/1000 del total de la población."* Mao decidió que esa proporción de muertes era necesaria para *"...cimentar el miedo entre la gente y asegurar la sumisión al partido."*

Fidel Castro, por su parte, se ensañó no sólo fusilando a sus enemigos jefes militares, Alejandro García Olayón, jefe de la Policía Marítima de Santiago de Cuba, Cornelio Rojas, jefe de la policía de Santa Clara, Joaquín Casillas Lumpuy y Jacinto Menocal, en Pinar del Rio, Enrique Despaigne, en Holguín, Isidoro López, en Colón; José Rodríguez, en Jovellanos, sino a algunos de sus más cercanos colaboradores cuando pensó que podían ser sus rivales en el mando o la simpatía popular, como *William Morgan, Camilo Cienfuegos, Humberto Sorí Marín, José Abrantes, Arnaldo Ochoa, Antonio de la Guardia*, entre otros. A ellos se sumaron cientos de fusilamientos en La Cabaña (por Ché Guevara) y en el Campo de Tiro de Santiago de Cuba (por Raúl Castro).

Esa ansia de venganza y crueles atrocidades fue rechazada en su tiempo por sus propios simpatizantes como el Nobel de Literatura José Saramago:

«*Hasta aquí he llegado. Desde ahora en adelante Cuba seguirá su camino, yo me quedo.* **Disentir es un derecho que se encuentra y se encontrará inscrito con tinta invisible en todas**

las declaraciones de derechos humanos pasadas, presentes y futuras*. Disentir es un acto irrenunciable de conciencia...»*

Dada la brutalidad insensible de la revolución Cubana una vez alcanzado el poder político en Cuba... ¿No era evidente que la revolución de 1959 estaba en manos de **opresores ideológicos** y no de **discrepantes** del patio, del mismo estilo y corte tradicional de los que en Cuba, por razones familiares o de amistad, accedían a liberar a los elementos subversivos? ¿No fueron los fusilamientos iniciales en Enero de 1959 pruebas concluyentes de ser esa una categoría distinta de rebelión a la que los Cubanos estaban lamentablemente ya acostumbrados? ¿Cómo pudieron los Cubanos ignorar un estilo revolucionario ya conocido por su semejanza con las experiencias del totalitarismo Marxista en Rusia, China y la Europa del Este? ¿Cómo seguir apoyando -o ignorando- a una revolución que comenzó ejecutando extrajudicialmente, fuera del ámbito constitucional y al margen de los preceptos legales a cientos de acusados?

La respuesta a esas preguntas radica en la clásica maniobra del Adoctrinamiento Marxista, el conjunto de medidas, prácticas educativas y de propaganda utilizadas por los gobiernos Marxistas, encaminadas a inculcar sus valores y formas de pensar en los sujetos a los que van dirigidas, particularmente la juventud en el entorno escolar.

El **adoctrinamiento** es más fuerte y efectivo cuando forma parte integral de la educación. La educación no conlleva necesariamente adoctrinamiento, pero el adoctrinamiento es siempre más efectivo cuando es parte de los procesos educativos. Indoctrinar es implantar creencias y opiniones pretendiendo que son absolutas y ciertas, con la finalidad de favorecer a una autoridad que se beneficia si se aceptan esas ideas. La transmisión de conocimientos está inevitablemente imbuida con las creencias del educador, pero un buen educador no presenta como absoluto ningún concepto o práctica adoctrinante.

Para hacer patente el nivel de adoctrinamiento Marxista en Cuba desde la década de los 1960s hasta el presente, este libro presenta el documento del Ministerio de Educación que lanzó las pautas para el adoctrinamiento de la juventud Cubana, y el principal vehículo de ese adoctrinamiento, el libro de **Historia de Cuba** utilizado por muchos años, en múltiples ediciones, en los primeros años de la escuela Secundaria a lo largo de todas las instituciones educacionales de la Cuba Comunista.

Raúl Eduardo Chao
Lakeland, Florida.

> REPUBLICA DE CUBA
> MINISTERIO DE EDUCACION
>
> PROYECTO DE ESCUELA
> SECUNDARIA BASICA
>
> VERSIÓN 08 / 28 mayo del 2006

Sobre el libro
Bases, fines y Objetivos de la Educación en Cuba.

Publicado por primera vez en 1991 y reimpreso por sexta ocasión en el 2008 por el Ministerio de Educación de Cuba como parte del **Proyecto de Escuela Secundaria Básica.**

Análisis preliminar:

Un análisis de la frecuencia con que se utilizan en el libro *Bases, fines y Objetivos de la Educación en Cuba* algunos nombres, palabras y expresiones, permite en términos generales caracterizar la importancia de ciertos temas en el desarrollo de las ideas que se presentan en el libro.

Referencias sobre autoridad intelectual:
   Fidel Castro, 3 menciones; Ernesto Guevara, 7; José Martí, 6; Padre Félix Varela, 0; Luz y Caballero, 1.

Elementos importantes en la educación:
   Docentes, 82 menciones; Padres, 42; Comunidad, 51; Convenios colectivos, 12.

Organizaciones Importantes:
   Partido (PPC, Comunista Cubano), 6 menciones; Unión de Jóvenes Comunistas, (UJC), 4; Organización de Pioneros José Martí, 8; UNESCO, 0; Sindicatos/sindical, 0.

Caracterizaciones que se presentan como Positivas:
   Socialismo /Socialista, 15 menciones; Revolución, 11; Pensamiento revolucionario, 9; Democracia. 3; Colectivos (de maestros y otros tipos),42; Religión, 0; Valores morales, 1, Jóvenes Pionero(s), 85.

Caracterizaciones que se presentan como Negativas:
   Capitalismo, 2 menciones; Imperialismo Yanqui, 9; Extranjeros, 1.

Actitudes recomendables:
   Emulación Pioneril, 3; Evaluación/diagnóstico de la familia, 6; Evaluación de mentalidades, 23, Seguir estrategias políticas, 9.

Comentarios:

El libro *Bases, fines y Objetivos de la Educación en Cuba*, publicado en varias ediciones desde 1976 hasta 2006, es un esfuerzo de la Revolución Comunista Cubana de asegurar el control de futuras generaciones de Cuba.

Los Cubanos no perseguían una revolución de ningún matiz cuando en 1959, casi unánimemente, se enfrentaron al gobierno de Fulgencio Batista, que había roto un incierto pero prometedor ritmo constitucional establecido en 1940 a pesar del descalabro que había ocasionado la Revolución de 1933.

Al alcanzar el control del gobierno de Cuba, los "*rebeldes*," alzados y afiliados del Movimiento 26 de Julio, comenzaron, sin piedad ni cuartel, a mostrar sus maniobras y estrategias Marxistas.

1. El Ejército Nacional de Cuba y las fuerzas de Orden Público, comprometidas como estaban (salvo honrosas excepciones) con la dictadura de Fulgencio Batista, fueron **diezmadas** en un arrebato de fusilamientos que aseguraba deshacerse de cualquier futura oposición armada organizada en contra de los planes Marxistas. Los voceros en defensa de los Derechos Humanos calculan entre **6,000 y 7,000 fusilados**, sin incluir los fusilados por las guerrillas Castristas en la Sierra (49), los muertos en juicios multitudinarios (como la Causa 829 de 1960), y los muertos en las cárceles, los torturados, los que trataron de escapar de la isla, y los que desde dentro de las filas revolucionarias trataron de sustituir a Castro en el mando, como el **General Arnaldo Ochoa** y otros altos oficiales de las Fuerzas Armadas y del Ministerio del Interior.

2. La "inesperada ni anhelada" revolución eliminó toda fuente de recursos que pudiera entorpecer una inmediata y acelerada **estrategia de escasez** en Cuba; una carestía de tal magnitud que hiciera que todos los ciudadanos dependieran del gobierno para su más básica subsistencia.

    a. Se confiscaron todas las **empresas** (convirtiendo al gobierno en la única fuente de empleo en Cuba).

    b. Se cerraron todas las **escuelas privadas** (para monopolizar la educación de la juventud en Cuba).

    c. Se intervinieron **periódicos** y emisoras de **Radio y TV** (convirtiendo al gobierno en la única fuente de información).

    d. Se cerró la **Banca** privada y se cambió la **moneda** nacional. (minimizando y controlando el poder adquisitivo de todos los Cubanos).

    e. Se expulsaron del territorio nacional a **sacerdotes** y otras figuras religiosas (limitando el acceso a doctrinas y creencias que compitieran con la prédica Marxista).

f. Se aseguró que toda **interacción humana** quedara bajo control del gobierno (deportes, espectáculos, turismo, viajes, salud, recreo).

g. Se depuraron el movimiento **obrero**, las organizaciones **no-gubernamentales** y los **clubs cívico-patrióticos**.

h. Se limitó la **entrada y salida** de todos los ciudadanos y residentes de la isla, excepto con autorización del gobierno.

Con el fin de asegurar las convicciones y lealtades de futuras generaciones Cubanas, el gobierno Comunista de 1959 dedicó un gran esfuerzo para transformar la escuela pública Cubana en una organización de **defensa y promoción del Marxismo**. Para ello no vaciló en convertir las escuelas en instituciones **burocráticas y complejas** que respondían a las directrices emanadas de los niveles más altos del gobierno Comunista.

La estrategia fundamental de la educación en Cuba a partir de la institucionalización del Marxismo, según este documento del Ministerio de Educación, está expresada en estas palabras del máximo Líder Fidel Castro:

«... Hoy se trata de perfeccionar la obra realizada y partiendo de ideas y conceptos enteramente nuevos. Hoy buscamos a lo que a nuestro juicio debe ser y será un sistema educacional que se corresponda cada vez más con la igualdad, la justicia plena, la autoestima y las necesidades morales y sociales de los ciudadanos en el modelo de sociedad que el pueblo de Cuba se ha propuesto crear... »

«... hacemos un llamado a los cuadros de la Unión de Jóvenes Comunistas (UJC) y de la Organización de Pioneros José Martí (OPJM), a ver la escuela como el principal Palacio de Pioneros por ser una escuela de nuevo tipo. Se define así, porque un palacio de pioneros es esencialmente un centro de formación, un centro de educación, y quizás el tipo más importante de centro de formación técnica, de formación cultural, de formación patriótica, de formación deportiva, pero es esencialmente un centro de formación... » (15 de Julio de 1979)

Por primera vez en Cuba hubo **fusilamientos** en masa el 1 de Enero de 1959; una práctica que comenzó en la **Sierra Maestra** en 1956.

Las transcripciones que se ofrecen a continuación y en el Apéndice 2, proceden de la última edición del libro *Bases, Fines y Objetivos de la Educación en Cuba,* publicada por el ministerio de Educación de Cuba en el año 2006.

Presentan una ordenación administrativa de cada Escuela Secundaria Cubana que conforma la siguiente estructura:

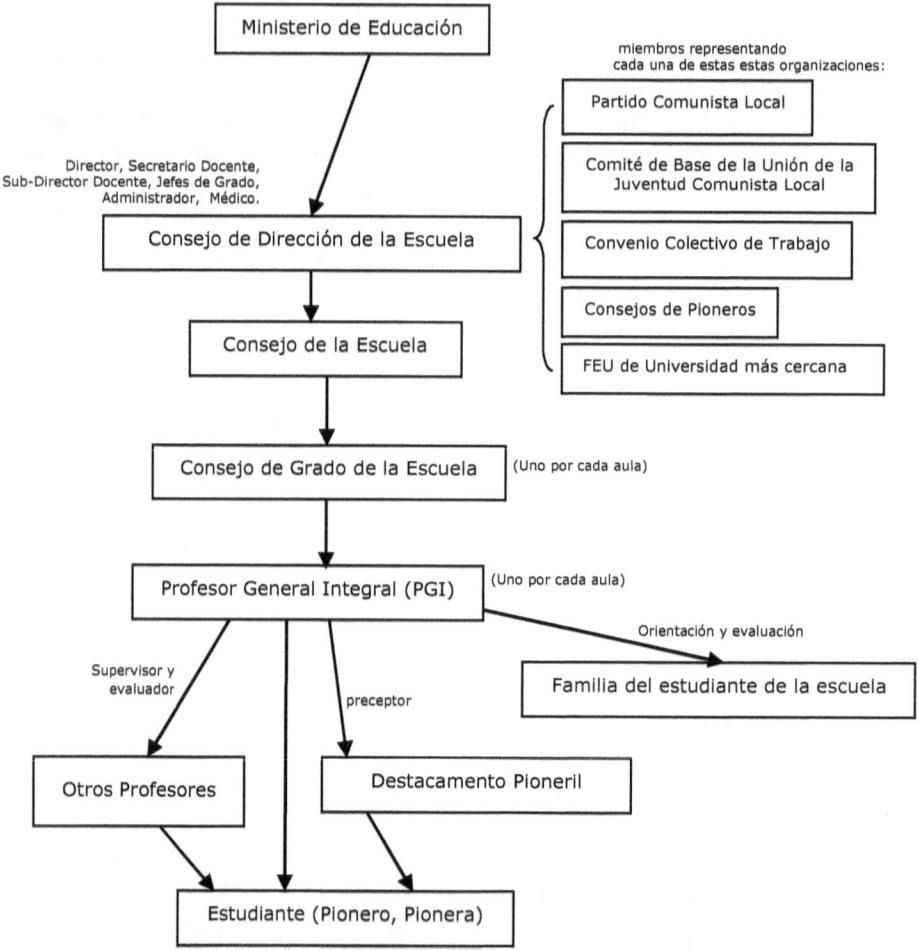

Las transcripciones que se presentan han sido reproducidas *verbatim, y* son típicas del léxico acostumbrado de todas las manifestaciones Marxistas: complejidad burocrática y excesiva, repeticiones innecesarias, ordenamiento confuso de las ideas y falta de claridad en cuestiones jerárquicas. Esas descripciones del sistema escolar de la Cuba Marxista, se presentan en el Apéndice 2 en casi su totalidad, por el interés que puedan tener para los organizadores de escuelas y los maestros de países donde la escuela se dedica a promover la cultura entre sus jóvenes ciudadanos.

Fotos de los primeros años de la Revolución Marxista en Cuba:
Los **soldados rebeldes** en las ciudades; los juicios sumarios extrajudiciales;
136 **sacerdotes expulsados** de Cuba; el juicio del **General Arnaldo Ochoa**,
héroe de la revolución acusado de traidor.

Adoctrinamiento en Cuba

Antes de cerrar la presentación del libro **Bases, fines y Objetivos de la Educación en Cuba,** que se presenta en más detalle en el **Apéndice 2** de la **página xx** al final de este libro, es necesario resaltar la hipocresía educacional del régimen Marxista Cubano mostrando las ruinas y abandono al **Colegio De La Salle del Vedado**, una de las más destacadas instituciones educacionales del mundo en 1958, situado en la calle 13 entre B y C, en el Vedado. La Salle del Vedado fue fundada en 1905, e incluía un colegio anexo gratuito con más de 200 estudiantes. Era uno de los 12 colegios, una Universidad y 4 colegios gratuitos fundados por los hermanos de La Salle en Cuba. En 1958, al ser expulsados por los Marxistas, eran 110 maestros, 84 de ellos Cubanos, que se perdían del sistema educacional Cubano después de más de 56 años de ejemplares trabajos.

Sobre el libro
Historia de Cuba.

Publicado por el Ministerio de Educación de Cuba como parte del **Proyecto de Escuela Secundaria Básica.**
Última Edición: 28 de Mayo de 2016.

Análisis preliminar:

Los historiadores frecuentemente mencionan a otros colegas o personajes importantes de alta reputación para reforzar y validar sus comentarios e interpretaciones; una medida de sus propios méritos es la excelencia de las referencias que utilizan para fortalecer sus opiniones:

Frecuencia de menciones de personajes Cubanos:

Abel Santamaría, 5 menciones; Antonio Maceo, 31; José Antonio Aponte, 4; Armando Hart, 5; Arango y Parreño, 4; Blas Roca, 10; Camilo Cienfuegos, 21; Carlos Baliño, 17; Conrado Benítez, 3; Celia Sánchez Manduley, 7; Domingo del Monte, 2; José Antonio Echeverría, 11, Eduardo Chibás, 11; Ernesto Guevara, 15; Estrada Palma, 31; Felipe Pazos, 0; Félix Varela, 6; Fidel Castro, 163; Francisco Albear, 0; Francisco Vicente Aguilera, 5; Frank País, 17; Fulgencio Batista, 74; Gonzalo de Quesada, 0; A. Guiteras, 41; Horacio Rubens, 0; Huber Matos, 0; Jesús Menéndez, 5; José Antonio Saco, 15; José María Heredia, 4; José Martí, 43; Juan Bautista Spotorno, 2; Julio Sanguily, 3; Lázaro Peña, 7; Luz y Caballero, 3; Ejército Mambí, 63; Máximo Gómez, 41; Julio Antonio Mella, 43; Miguel Aldama, 4; Mons. Pérez Serantes, 0; Narciso López, 4; Obispo Espada, 0; Osvaldo Dorticós, 6; Félix Varela, 10; Perucho Figueredo, 4; Rafael Montoro, 1, Raúl Castro, 10; Ejército Rebelde, 69; Rubén Martínez Villena, 17; Vicente García, 5.

TOTAL DE MENCIONES DE MARXISTAS: 524
MENCIONES DE CUBANOS PRESTIGIOSOS: 302

Frecuencia de menciones de personajes no-Cubanos:

Engels, 4 menciones; Lenin 18; Martínez Campos, 17; Marx, 43; Weyler, 11.

COMUNISTAS: 65
NO COMUNISTAS: 28

Caracterizaciones positivas en lo político:

CDR (Comités de Defensa), 4 menciones; Comité Central (Comunista), 10; Independencia, 99; Independentistas, 15; M-26-7, 11;

Marxismo-Leninismo, 13; Partido Comunista (en general), 53; Partido Comunista de Cuba (PCC), 28; Partido Revolucionario Cubano, 14, Partido Socialista Popular (PSP), 6; Proletariado, 24; Socialismo y Socialista, 107; URSS, 20.

Caracterizaciones negativas en lo político:

Anexionistas, 13; Burgueses, 9; Burguesía, 22; Entreguismo, 2; Gobiernos de Turno, 2; Imperialismo. 85; Imperialista, 106; Neocolonia y Neocolonial, 79; Oligarquía, 26; Yanqui (s),185.

REFERENCIAS POSITIVAS AL MARXISMO: 276
REFERENCIAS POSITIVAS A DEMOCRACIAS: 104
REFERENCIAS NEGATIVAS A DEMOCRACIAS: 457

Lugares y eventos importantes para la Historia de Cuba

Día 10 de Octubre, 12 menciones; Guerra del '95, 5; Día 24 de Febrero, 12; Día 26 de Julio,32; Mangos de Baraguá, 15; Corrupción en la República, 19; Guerra de los Diez Años, 24; Dos Ríos, 1; Enero de 1959, 17; Escambray, 5; Fernandina, 1; Fusilamientos (27 Nov,1871), 3; Fusilamientos (Enero, 1959), 0; Fusilamientos (Plácido), 1; Fusilamientos (Virginius), 1; Moncada (Cuartel), 43; Peralejo (Batalla), 1; Playa Girón, 15; Playitas (desembarca Martí en 1895), 1; Sierra Maestra, 24; Uvero (Sierra Maestra), 6; Yate Granma; 21
Seminario de San Carlos, 4; Constitución de 1940, 4;Constitución de Guáimaro, 2; Constituciones Socialistas, 9; La Historia me Absolverá, 9; Manifiesto de Montecristi, 7; Manifiesto del Moncada y de Fidel, 13.

EVENTOS IMPORTANTES ANTES DEL MARXISMO: 94
EVENTOS IMPORTANTES DURING EL MARXISMO:173

Referencias a Historiadores Cubanos:

Bachiller y Morales, 0; Carlos M. Trelles, 0; Carlos Rafael Rodríguez, 2, Emeterio Santovenia, 0; Emilio Roig de Leuchsenring, 2; Enrique José Varona, 2; Ernesto Guevara, 9; Félix Lizaso, 0; Fernando Ortiz, 0; Fernando Portuondo, 3; Haydée Santamaría, 14;Hortensia Pichardo, 26; Jorge Mañach, 0; Juan J. Remos, 0; Julio Le Riverend, 11; Levi Marrero, 0; Medardo Vitier, 0; Portell Vilá, 0; Raimundo Menocal, 0; Ramiro Guerra y Sánchez, 0; Raúl Gómez García, 4; Vidal Morales y Morales, 0.

NOTA: Ernesto Guevara, por supuesto, no es un historiador; Carlos Rafael Rodríguez, Emilio Roig de Leuchsenring, Haydée Santamaría, Hortensia Pichardo y Julio Le Riverend son abiertamente simpatizantes Marxistas.

> El cese de la dominación española sobre Cuba, como sabes, no significó la verdadera independencia. El período subsiguiente de nuestro proceso histórico abarcó la ocupación militar norteamericana (1899-1902) y los años en que se establece la República neocolonial (1902-1958), en la que continuará la lucha por alcanzar esos objetivos frustrados en el marco de la dominación yanqui y del entreguismo de los gobiernos de turno. Bajo esas condiciones la agudización de contradicciones y la maduración del movimiento revolucionario cubano condujeron, finalmente, al triunfo de la Revolución.

Página 2 del libro **Historia de Cuba**.

Los cuatro *"ases"* de la historiografía Marxista Cubana: **Carlos Rafael Rodríguez, Emilio Roig de Leuchsenring, Hortensia Pichardo** y **Julio Le Riverend**.

Observaciones:

En la Cuba Castro-Comunista, los escolares inician la jornada diaria de clases con un juramento de fidelidad: **"Pioneros por el Comunismo, ¡Seremos como el Che!,"** una gran contradicción si se tiene en cuenta que el modelo de ciudadanía que se presenta es atribuido al pensamiento de **José Martí**, que la Revolución ha tratado de disfrazarlo de un ropaje Marxista para hacerlo compatible y promotor de la Cuba Socialista que el gobierno trata de implantar. Más aún si consideramos que Castro echó a un lado a Guevara cuando ya no le era útil.[3]

Para hacer de Cuba una República Socialista, el Castrismo movilizó en masa a cientos de Cubanos en una **campaña de alfabetización** (las Brigadas Conrado Benítez) y comenzó a abrir **Escuelas de Instrucción Revolucionaria** enviando estudiantes a países Comunistas para estudiar Marxismo-Leninismo. El objetivo en ambos casos fue crear un **nuevo hombre socialista** (Marxista-Leninista). Fue el primer paso en la absoluta centralización de la enseñanza y el establecimiento de organizaciones de masa entre jóvenes estudiantes y el gobierno. Para eso fue necesario —y se llevó a cabo— la nacionalización de todas las escuelas de Cuba.

Con el propósito de alcanzar el absoluto control del sistema educacional, el Castrismo entonces estableció mecanismos para observar y asegurar la ortodoxia Marxista en los salones de clase y la supervisión de los maestros, poniendo en cada aula un **Profesor General Integral PGI)**

---

[3] Es indudable que la personalidad de Fidel Castro sedujo a Guevara desde el primer encuentro, y que Castro fue atraído por Guevara al reconocerlo como un hombre firme, valeroso y culto a la vez, con destrezas y una ética de trabajo que escaseaba entre los que participaban en los entrenamientos con el "general" Alberto Bayo. Para Castro, Guevara siempre estuvo rodeado de un aura mística, pero las personalidades de ambos siempre fueron antagónicas. Guevara idealista, intransigente, esquemático, doctrinario, arrogante, con fuerte inclinación a la teorización revolucionaria; Castro dogmático, auto-imbuído con un carácter mesiánico, ambicioso de poder e historia, sin escrúpulos inclinaciones teóricas, y con un profundo sentido de la sobrevivencia política y física para establecer pactos y compromisos que sabe que no va a cumplir.

Ya desde Julio de 1965, Castro censuró sin ambages el principio Guevarista de los incentivos morales en la creación del socialismo y disintió públicamente de la línea política internacional anti-Soviética que había asumido Guevara. El Che, por su parte censuró públicamente la forma en que Castro había conducido el ataque al Cuartel Moncada. La relación entre ambos comenzó a ser tirante, y Guevara se convirtió en el blanco preferido de los comunistas ortodoxos Cubanos, sobre todo Carlos Rafael Rodríguez y Blas Roca.

Años después que Guevara saliera de Cuba en misiones armadas contra el imperialismo, terminó peleando en las montañas de Bolivia. Al principio el régimen de Castro respaldó su grupo guerrillero, pero poco a poco el apoyo a Guevara fue disminuyendo. Allí encontró la muerte, y antes de ser ejecutado declaró que Fidel Castro le había fallado en el momento crucial de su misión.

con más atribuciones que el nominal Director de la Escuela. La última pieza de ese engranaje fue la creación de una nueva **Historia de Cuba** que conformara con la doctrina Marxistas.

Pasa esa última pieza se ignoraron los escritos de **Vidal Morales, Enrique José Varona, Leví Marrero, Jorge Mañach, Herminio Portell Vilá** y **Juan J. Remos**, y se comisionó como autores de la nueva **Historia de Cuba** a algunas figuras poco conocidas y simpatizantes del régimen Comunista Cubano como **Hotensia Pichardo Viñals** (autora y profesora del Instituto de la Víbora junto a su esposo Fernando Portuondo), **Marta María Valdés López** (autora de una *Historia del Municipio La Lisa* en 2003, sin registro de ISBN), **Regla María Albelo Ginnart** (autora en 1999 de una *Historia Antigua y Medieval* para Séptimo Grado), y **Gisela Gallo González** (coautora y colaboradora de Albelo Ginnart y Valdés López como parte del "*colectivo de autores*" de la Editorial Pueblo y Educación del Ministerio de Educción de Cuba).

La visión de las autoras de este libro está más que bien expresada en cuando declaran:

> « *El sistema educacional Cubano, eje central de la formación ideo-política, posee como fuerza motriz a la escuela encargada de formar en los estudiantes valores patrióticos que se sustentan en la Cubanía, en el amor imperecedero a los héroes y mártires, en el conocimiento de las raíces históricas, para lo cual se han facilitado valiosas fuentes como soporte al maestro en su labor pedagógica.*
>
> *El programa de la asignatura* **Historia de Cuba**, *a través del conocimiento propio de la Historia Patria, es una significativa vía mediante la cual se le da salida a una de las direcciones educativas,* **el trabajo político ideológico, núcleo central de todas las actividades de la enseñanza en Cuba**. *Posee 200 horas clases distribuidas en cuatro unidades temáticas, tiene entre sus objetivos desarrollar valores, modos de actuación y una cultura general derivadas de la significación que encierra cada proceso, suceso o personalidad destacada a lo largo de los siglos;* **propiciar en los estudiantes un desarrollo político ideológico** *de manera que experimenten sentimientos de* **compromiso y afecto por la revolución y sus principales figuras**; *sientan un* **profundo rechazo hacia el imperialismo** *y refuercen su amor a la soberanía y la independencia; contribuir además con su educación estética y con el uso adecuado de la lengua materna; así como vincular la Historia Nacional con la Historia Local, lo cual fortalecerá su apego e identificación con la Historia Patria al sentirse partícipes de ella.* »

No es difícil saber **porque fueron escogidos para esa tarea.**

Los vehículos de adoctrinamiento Comunista en Cuba; todos los niños de edad escolar son iniciados como **pioneritos**; la vieja **Academia de la Historia** fue desbandada por el Castrismo y sólo queda la **Academia de la Historia del Exilio**; la escuela Cubana está **altamente militarizada**; los libros que publica la revolución son sus más importantes vehículos de incansable adoctrinamiento Marxista-Leninista.

Comentarios:

A continuación se presentan **copias fotostáticas** de muchas de las secciones del libro donde **se tergiversa la historia de Cuba** o se presentan nociones de la exclusiva opinión de las autoras, en franca contradicción a numerosas descripciones e interpretaciones de los tradicionales y reconocidos historiadores de Cuba que citamos anteriormente. En cada caso se indica la página del libro en que se encuentra la tergiversación.

También presentamos varias de las numerosas referencias a palabras o escritos de Fidel Castro que se insertan a lo largo de todo el texto con el propósito de reforzar la propaganda Marxista y las inexactitudes descritas por las autoras. Estas referencias a palabras del *"Comandante en Jefe"* **nada contribuyen a la narrativa que se presenta** y sólo sirven para imprimir el visto bueno de la nomenclatura Marxista al esfuerzo de adoctrinación Marxista que prevalece en todo el libro.

Tres de esas *"reivindicaciones"* Marxistas son las siguientes:

Página 3 del libro, al referirse a... « *El cese de la dominación española sobre Cuba, como sabes, no significó la verdadera independencia. El período subsiguiente de nuestro proceso histórico, abarcó la ocupación militar norteamericana (1899-1902) y los años, en que se establece la República neocolonial (1902-1958)... con el entreguismo de los gobiernos de turno...*»

> Todo esto aprenderás en este curso, el cual influirá extraordinariamente en que ames más a la Patria y comprendas mejor la necesidad de prepararte para luchar por defender sus conquistas y por construir un porvenir mejor.
>
> Como dijera nuestro Comandante en Jefe Fidel Castro Ruz, Primer Secretario del Comité Central del Partido Comunista de Cuba y Presidente de los Consejos de Estado y de Ministros:
>
> ¡Y qué útil es hurgar en la historia extraordinaria de nuestro pueblo!
>
> ## Comprueba lo que has aprendido
>
> 1. Nuestro Comandante en Jefe, ha dicho:
> (...) es necesario que nuestro pueblo conozca su historia, es necesario que los hechos de hoy, los méritos de hoy, los triunfos de hoy, no nos hagan caer en el injusto y criminal olvido de las raíces de nuestra historia (...)

En las **página 57 y 58** del libro, haciendo referencias a las primeras manifestaciones anexionistas en Cuba, y tras atacar con violencia la figura de Narciso López, ellas expresan que...

«Desde 1805 el presidente norteamericano Thomas Jefferson manifestaba que en caso de guerra contra España, Estados Unidos se apoderaría de Cuba para la defensa de la Louisiana y la Florida...,» [sin referencias]

... y las autoras añaden lo siguiente:[4]

> Narciso López, fiel representante de los intereses norteamericanos del sur esclavista, era un venezolano que había pertenecido al ejército español en su país.
>
> La conspiración fue descubierta y López, ante el temor de ser detenido, huyó a Estados Unidos. Posteriormente, logró que ese país le costease una expedición; para esta adquirió el barco *Creole* y con unos seiscientos hombres, de los cuales solamente cinco eran cubanos, llegó el 19 de mayo de 1850 a las costas cubanas. Desembarcó en Cárdenas y tomó la ciudad en donde izó, por primera vez, una bandera cubana ideada por él.
>
> De parte de los cardenenses no recibió ningún apoyo y, al enterarse de que 3 000 soldados españoles se dirigían contra ellos, reembarcó sin librar combate.

... y posteriormente incluyen los siguientes párrafos sobre **la Doctrina Monroe**...

> En 1823 Estados Unidos formuló la célebre declaración internacional conocida como Doctrina Monroe, en la que manifestaban su oposición a que el continente americano fuera susceptible de futura colonización por cualquier potencia europea, y que de producirse intentos en este sentido, Estados Unidos lo consideraría como una manifestación de hostilidad hacia ellos.
>
> En apariencias, la Doctrina Monroe convertía a Estados Unidos en defensor y protector del os intereses de América. Se trataba en realidad de impedir la acción de otras potencias en América, no para proteger a nuestros pueblos, sino para reservarlos para sus planes de expansión y dominio.
>
> El gobierno norteamericano deseaba que Cuba quedara en manos de la endeble monarquía española, para apoderarse de ella en el momento oportuno, pues en aquel entonces aún eran demasiado débiles para enfrentarse a Inglaterra en una guerra por el dominio de la Isla. Inglaterra, ocupada en los asuntos europeos, también prefirió dejar a Cuba en manos españolas antes de que pasara a manos de su rival comercial.

---

[4] Las fotocopias del libro incluyen los errores gramaticales y ortográficos.

En la **Página 80 del libro**, al referirse a la Asamblea y la Constitución de Guáimaro, un comentario que no añade nada a la presentación de la Asamblea o el ideario de la Constitución, sólo se incluye para mencionar una vez más al *"Comandante en Jefe."*

En la **Página 101 del libro**, al referirse a la entrevista de Antonio Maceo con Arsenio Martínez Campos en **Mangos de Baraguá**, y al informarle Maceo a Martínez Campos que las hostilidades continuarían en ocho días. De nuevo, un comentario insípido, incluido sólo para mencionar de muevo al *"Comandante en Jefe."*

> Refiriéndose a los resultados y trascendencia histórica de esta Asamblea, nuestro Comandante en Jefe, ha expresado:
> (...) es admirable aquel empeño, aquel esfuerzo de constituir una República en plena manigua, aquel esfuerzo por dotar a la República en plena guerra de sus instituciones de sus leyes. Cualesquiera que hayan sido los inconvenientes, las dificultades y los resultados, el esfuerzo fue admirable.

Antonio Maceo

> Al valorar este hecho, el Comandante en Jefe Fidel Castro expresó:
> (...) Antonio Maceo (...) expresa en la histórica Protesta de Baraguá su propósito de continuar la lucha, expresa el espíritu más sólido y más intransigente de nuestro pueblo, declarando que no acepta el Pacto del Zanjón. Y efectivamente, continúa la guerra.

Una lectura del libro por cualquier persona familiarizada con la historia de Cuba llega justificadamente a dos conclusiones: el libro es un **instrumento de adoctrinamiento Marxista** de la juventud Cubana, y es a su vez un **vehículo en el culto a la personalidad de Fidel Castro** como *"Comandante en Jefe y héroe de la lucha contra el imperialismo."*

En la **página 107**, comentando sobre la concentración de la producción azucarera en la isla, que incluía adelantos técnicos como el uso de **superfosfatos** para facilitar la clarificación de mieles, **tachos** al vacío, **molinos** con tres mazas, **quemadores** de bagazo para ahorrar combustible y **sacos de yute** para empaquetar en sustitución de cajas de cartón, se hace referencia a las inversiones norteamericanas que hicieron posibles esos adelantos con los siguientes ataques:

> ## Penetración del capital norteamericano
>
> En las últimas décadas del siglo XIX se desarrollaba en Estados Unidos la fase superior y última del régimen capitalista: el imperialismo.
>
> Recuerda que una de las características económicas del imperialismo es la exportación de capitales hacia los territorios menos desarrollados, con el objetivo de apoderarse de las mejores tierras, minas, etc., y, de esta forma, obtener muchas riquezas, mediante la explotación de los hombres, las mujeres y los niños de esas zonas.
>
> En el período de 1878 a 1895, nuestra Isla reunía magníficas condiciones de interés para los imperialistas norteamericanos:
>
> Estaba cerca de Estados Unidos.
>
> Poseía valiosas riquezas minerales.
>
> Era rica en tierras muy fértiles y variados productos agrícolas.
>
> La mayor parte de su población era pobre y desocupada y, por tanto, para vivir se veía obligada a trabajar por bajísimos salarios
>
> Aprovechando esta situación, y en los momentos en que se desarrolla el proceso de concentración de la industria azucarera, comenzaron las inversiones de capital norteamericano en este sector fundamental de nuestra economía.
>
> La primera adquisición la realizó E. Atkins y compañía, en el año 1883, cuando compró el ingenio Soledad, cerca de Cienfuegos.

Breves párrafos después, en la **página 113**, tratando de opacar los adelantos que mejoraron la industria azucarera Cubana, se incluye la presentación inicial del marxismo...

> Por tus estudios de Historia Universal, sabes que Carlos Marx y Federico Engels fueron los fundadores del Socialismo Científico, teoría revolucionaria que demostró el carácter explotador del régimen capitalista y mostró a los obreros el camino correcto para combatirlo. También conoces que estas ideas muchas veces fueron interpretadas incorrectamente.

E inmediatamente, en la **página 114**, se presenta a **Enrique Roig de San Martín**, un anarquista de clase acomodada (su padre era médico) que ostentaba posiciones importantes en el mudo azucarero (maestro de azúcar, el obrero clave y de mayor sueldo que controla la cristalización exacta del azúcar en un central). Roig de San Martín nunca transitó del anarquismo al Marxismo o al Independentismo, pero su figura ha sido utilizada como *"el precursor de las luchas por el Socialismo"* en Cuba; fue a todas luces un hombre cuyo pensamiento siempre se mantuvo en constante y nunca culminante evolución.

> A partir de 1882, comenzó a descollar el más prestigioso y combativo dirigente obrero de la época, Enrique Roig San Martín, uno de los fundadores del Centro de Instrucción y Recreo de Santiago de Las Vegas, desde donde se divulgaban las ideas anarquistas; es decir, estas ideas influyeron en Roig en los primeros momentos y las difundió desde el periódico El Productor, que fundó en 1887. A pesar de las limitaciones en su pensamiento político, este dirigente luchó por desarrollar la conciencia de clase entre los trabajadores cubanos, planteando la necesidad de organizarse, denunciar la explotación y proclamar la lucha por el mejoramiento de las condiciones de vida y de trabajo del proletariado, así como demostrar lo inmoral de la propiedad privada.
>
> Roig no se conformó con ver solamente lo que acontecía en Cuba, también promovió la solidaridad con las luchas de los trabajadores de otros países. Por eso, cuando se consumó el crimen de Chicago, levantó su voz condenando tan vil hecho.
>
> Los planteamientos y las campañas de Roig no le podían agradar al gobierno colonial español, por lo que fue perseguido y encarcelado.
>
> Poco antes de su muerte, el dirigente obrero comenzó a avanzar hacia las posiciones correctas del marxismo, divulgando algunos escritos de Marx y Engels y haciendo suyas algunas de sus ideas fundamentales. Por todo eso, y a pesar de las limitaciones apuntadas, Enrique Roig San Martín fue un precursor de las ideas socia-

De hecho, ni **Roig de San Martín**, ni **Marxistas** o **Comunistas** tuvieron nada que aportar en ese momento a las luchas y sueños independentistas de los Cubanos. Por el contrario, en el Congreso Obrero Cubano de 1892, celebrado en La Habana, el tema predominante fue la adopción de **Mayo 1** como Dia del Trabajador y las demandas de los trabajadores tabacaleros por una **jornada de ocho horas** de trabajo diario. Poco o nada de habló allí de la Independencia para Cuba, como se constata en las Memorias de Documentos del Congreso; nada se ofrece como evidencia libertadora, como prueban los términos que se muestran a la derecha.

> (...) la introducción de estas ideas en la masa trabajadora de Cuba, no viene, no puede venir a ser un nuevo obstáculo para el triunfo de las aspiraciones de emancipación de este pueblo, por cuanto sería absurdo que el hombre que aspira a su libertad individual, se opusiera a la libertad colectiva de un pueblo (...)

En la **página 116**, el libro presenta a sabiendas una versión maliciosa de **Autonomismo**. A fines del siglo XVIII, España era una de las grandes potencias coloniales, quizás sólo superada, en poder económico y militar, por Gran Bretaña. Desde principio del siglo XIX los criollos comenzaron a reclamar una reforma del orden colonial en las que tuvieran una mayor capacidad de decisión sobre los asuntos que afectaban a la isla. Cohesionadas y dirigidas por **Francisco de Arango y Parreño**, Consejero de Indias y persona de influencia en la Corte, habían conseguido algunas medidas de favor como el decreto de **libre comercio**. Sin embargo, en el orden político el proyecto autonómico que elaboró **José Agustín Caballero** para presentarse a las Cortes de Cádiz no llegó a ser discutido; el de **Félix Varela**, planteado a las Cortes del Trienio, sí alcanzó consideración, pero la restauración absolutista lo echó a un lado.

El **Autonomismo** fue una actitud política constante en Cuba a lo largo de todo el siglo XIX. Entre 1790-1820, liderada por **Francisco de Arango y Parreño**; entre 1830- 1837, rechazada por intelectuales como **José Antonio Saco**; entre 1860- 1868, representada por **Francisco de Frías** y el periódico **El Siglo**; finalmente, entre 1878-1895 tiene lugar la última etapa, protagonizada por el **Partido Liberal Autonomista**. Otros autonomistas de renombre fueron **Nicolás Azcárate, José María Gálvez, Antonio Govín, Rafael Montoro, Manuel Pérez Molina, Eliseo Giberga, Tomás y Emilio Terry,** y **Gonzalo Gorrín**, entre otros.

Poco conocido es que Cuba tuvo un gobierno autonómico interino, un último recurso de la metrópoli, desde Enero a Octubre de 1898, cuando rigieron conflictivamente **dos** entidades estatales provisorias en Cuba; una —el **régimen autonómico** concedido por España —ni totalmente Español ni plenamente Cubano; y otra, el **gobierno de la República en Armas** liderado por **Salvador Cisneros Betancourt**.

Declarar —como lo hace este libro— que el Autonomismo, por estar integrado por la clase burguesa Cubana, devino en un **movimiento antinacional**, es un error imperdonable y una evidencia de incultura de los que escribieron este libro. A continuación la opinión de las autoras:

> El autonomismo agrupa a los ricos terratenientes cubanos y dueños de industrias de la zona occidental y a numerosos abogados, médicos, periodistas, escritores, que aspiraban, por sobre todas las cosas, a su enriquecimiento personal. Entre ellos se destacaron José María Gálvez, quien fue presidente del partido y Rafael Montoro.
>
> Eran autonomistas, los antiguos reformistas, los anexionistas fracasados y ex-independientes que mantuvieron una posición vacilante y antipatriótica durante la pasada guerra. Los autonomistas desestimaban a la gente humilde y muchos de ellos fueron esclavistas hasta el momento de la abolición y siempre fueron acérrimos racistas. También ingresaron a este partido algunas personas que creyeron erróneamente que se podía llegar a la independencia a través del autonomismo.
>
> El Partido Autonomista aspiraba a que Cuba fuese una colonia autónoma de España y a obtener algunas ventajas que permitieran el enriquecimiento económico de una pequeña minoría de la población.

Los líderes y críticos del Autonomismo Cubano:
José María Álvarez, Antonio Govín,
Arango y Parreño, José Antonio Saco, Nicolás Azcárate,
José Agustín Caballero, y Félix Varela.

En las **páginas 120 y 131** del libro, comienza una narrativa que presenta la labor de José Martí en la fundación del **Partido Revolucionario Cubano**, contando con la participación de los Clubes de Tabaqueros Cubanos de Tampa y Cayo Hueso; allí se hace una mención pasajera a **Carlos Baliño**, un obrero tabacalero anarquista, nacido en Guanajay, Pinar del Río, exiliado económico, no político, que vivió en los Estados Unidos en Cayo Hueso, Tampa, Nueva York y Nueva Orleáns. De **Baliño** se ha dicho que comenzó las carreras de Teneduría y Arquitectura en Guanajay —donde no existían escuelas de esas disciplinas— y la de Pintura en San Alejandro, en La Habana... en ninguna de cuyas carreras fue diplomado.

El Comunismo Cubano ha tratado de identificar a **Baliño** como cofundador del Partido Revolucionario Cubano con **José Martí** en 1892, y más aún, el **enlace** entre Martí y **Julio Antonio Mella** y **Rubén Martínez Villena**, como cofundador del **Partido Comunista Cubano** en La Habana en 1925.

Pretender que el *Partido Revolucionario Cubano* de **Martí**, es el antecesor del *Partido Comunista Cubano* de **Mella** y **Martínez Villena**, es una osadía y enorme insolencia que no tiene base histórica alguna. A continuación las palabras de la **página 120**...

> José Martí comprendió que, antes de iniciar la lucha armada, era imprescindible crear un instrumento que aglutinara, que lograra una organización centralizada y aportara los recursos necesarios para lograr los propósitos emancipadores. En otras palabras, concibió la necesidad de crear un partido revolucionario único.
>
> El 10 de abril de 1892, fue fundado el Partido Revolucionario Cubano como culminación de los esfuerzos de Martí por alcanzar la unidad y organización de los luchadores por la independencia.
> Entre los fundadores del Partido estaba el obrero tabacalero Carlos Baliño, compañero de Martí en la actividad patriótica.

... seguidas de las de la **página 131**:

> **Apoyo de los tabaqueros de la emigración a la lucha**
> También en la emigración, los trabajadores —tabaqueros en su mayoría— constituyeron el principal apoyo de la guerra.
> (...) Entre sus dirigentes se encontraban algunos que habían abrazado las ideas marxistas, como el obrero tabacalero Carlos Baliño (...)

Estas y otras distorsiones son parte de una campaña que los Comunistas de Cuba han orquestado durante más de 60 años. Hay abundantes pruebas de que antes de llegar al poder **rechazaron la ideología de Martí por ser incompatible con la suya**. Nada más lejos de sus creencias que la condena de Martí a la dictadura del proletariado —a la que proféticamente llamó *"nueva y temible tiranía"*— y su inquebrantable defensa de las libertades individuales que el Marxismo-Leninismo llama *"libertades burguesas."*

Líderes del Comunismo Cubano:
Julio Antonio Mella, Carlos Baliño,
Juan Marinello, Blas Roca Calderío, Lázaro Peña,
Salvador García Agüero, Rubén Martínez Villena,
Carlos Rafael Rodríguez, y Fidel Castro Ruz.

Los textos de este libro que se encuentran en las **páginas 153, 154, 155, 162**, y **163**, referentes al hundimiento del Maine y la intervención de los Estados Unidos en la Guerra del 95, contienen serias tergiversaciones y omisiones históricas cuyo único propósito es adoctrinar a los estudiantes Cubanos.

> *5.5 Intervención imperialista en la guerra*
>
> El desarrollo exitoso de la guerra por parte de los cubanos, y la precaria situación de España, hicieron que al iniciarse el año 1898, la victoria de los mambises estuviera prácticamente asegurada; sin embargo:
>
> (...) La victoria inevitable de las armas cubanas le fue arrebatada a nuestro pueblo por la intervención del imperialismo norteamericano, cuyo peligro habían denunciado ya sus próceres más avizores.
>
> Para esta intervención se venía preparando al pueblo norteamericano a través de una desenfrenada campaña de prensa. Muchos sectores sociales de ese país, veían con simpatía la justa causa de la independencia de Cuba, sentimiento que era hábilmente explotado.

En 1898 Cuba era un **absurdo geopolítico**; a unas 90 millas los Estados Unidos, separada de España por la enormidad del Océano Atlántico, seguía siendo una colonia Española gobernada desde la metrópoli **con más fiereza que cuando fue descubierta cuatro siglos antes**. Cuba había evolucionado a ser **el principal productor de azúcar del mundo**, y en sus tierras trabajaban más de 400,000 esclavos, por lo cual un **60% de población de Cuba era negra o mulata**. Temiendo una repetición de experiencia Haitiana de 1791, los criollos Cubanos no estaban seguros de arriesgarlo todo apoyando una confrontación brutal con el poderío militar Español que diera lugar a la creación de una **nueva República negra**.

No por eso los hacendados y los intelectuales del patio dejaron de mostrar su oposición a España, unos favoreciendo **reformas** y **autogobierno** en lugar de revoluciones; otros buscando una **anexión** a los Estados Unidos. Ambas posiciones estaban destinadas al fracaso. La Guerra Civil de los Estados Unidos hizo complicado e impráctico el **anexionismo**. El fracaso de la **Junta de Información** convocada por Madrid eliminó las posibilidades de **autonomismo**. Quedó sólo la **acción armada independentista**, apoyada por intelectuales, maestros, hacendados, empresarios y muchos otros patriotas Cubanos.

La riqueza que España explotaba en Cuba fue responsable de que la economía de la isla se vinculara **cada vez más estrechamente** con la de los Estados Unidos. La industria tabacalera de elaboración fue casi totalmente **trasplantada** al sur de la Florida. Una fuerte caída de los precios del azúcar causó que las inversiones azucareras sufrieran una seria **penetración** Estadounidense; decenas de haciendas azucareras, junto a intereses mineros en Oriente y Pinar del Río, pasaron de manos Españolas y Cubanas a manos Estadounidenses, y fueron las inversiones Americanas las que salvaron numerosos ingenios azucareros que competían con la remolacha Europea.

El **refinamiento** de azúcar, iniciado entre otros por Miguel de Aldama a mediados del siglo XIX, se consolidó en Brooklyn, dejando a Cuba sólo la afanosa tarea de **exportar azúcar prieta**. Para 1898, casi el **90%** de las exportaciones de Cuba fueron a los Estados Unidos, y el **40%** de lo que Cuba importaba venía de los Estados Unidos. El rol económico de España en Cuba se redujo al **38%** por ciento de las importaciones a la isla y el **6%** de las exportaciones desde Cuba.

Alrededor de 1894, **José Martí**, muy joven aun y sin récord de combatiente en 1868, decidió que Cuba estaba lista para otro intento de independencia. Estaba claro que los tan socorridos planes de España de hacer de Cuba una provincia Española eran un engaño. Los Cubanos se fueron a una nueva guerra, la del '95. España, desesperada, envió un **cuarto de millón** de sus mejores hijos a Cuba para someterla. Los mambises se movieron hacia Oriente; España puso al frente de sus fuerzas a **Valeriano Weyler**, cuya estrategia fue **matar de hambre** a 50,000 Cubanos, que respondieron arrasando la economía azucarera (la política de **tea incendiaria** de Máximo Gómez), desde los campos hasta las centrales y los ferrocarriles.

Después de tres años y medio de devastadoras operaciones militares, Cuba estaba en ruinas. La guerra había devastado el **70%** de su capacidad productiva y el **20%** de los criollos habían muerto, unas 36,000 personas. Alrededor de 500,000 residentes, **65%** de ellos analfabetos y debilitados, estaban en la más abyecta pobreza. La elite Cubana o exiliada o pesimista, estaba desmoralizada; algunos de ellos inclinados a pensar que la guerra tenía ciertos **tonos raciales**, otros pensando en la anexión como la única forma de volver a la normalidad.

El 25 de Abril de 1898 Estados Unidos declaró la guerra a España tras el hundimiento del **acorazado Maine** en el puerto de La Habana el 15 de Febrero de 1898. Tras su de-

---

Voladura del Maine

En medio de la situación antes descrita, y con el pretexto de cumplir una misión amistosa y proteger la vida y propiedades de los norteamericanos residentes en Cuba, llegó a La Habana el acorazado *Maine*, el 25 de enero de 1898; pero en realidad, la presencia del buque formaba parte de un vasto plan guerrerista fraguado por el gobierno norteamericano. En efecto, días después, el 15 de febrero, se estremeció la noche habanera con la terrible explosión del *Maine*, que causó la muerte de aproximadamente doscientos setenta tripulantes; según los partes de la época, no había bajas considerables entre los oficiales.

La noticia movilizó de inmediato en son de ataque a los escuadrones navales norteamericanos que navegaban por los distintos mares; la prensa yanqui sacó buen provecho de la voladura del *Maine*; España fue acusada de ser la responsable de la catástrofe, le achacaron que el *Maine* había sido volado por una mina o torpedo español.

El doloroso hecho de la explosión del *Maine*, fue utilizado por la prensa yanqui en su campaña de crear un clima antiespañol en Estados Unidos.

Se aproximaba la hora de apoderarse de Cuba, era el momento de que "la fruta madura" cayera en manos de Estados Unidos.

claración de guerra contra España, Estados Unidos aprobó la **Enmienda Teller**, afirmando que **no intentaría ejercer hegemonía sobre Cuba**. La guerra terminó en pocas semanas. Ya desde Junio de 1895, el presidente Americano **Grover Cleveland** había declarado que Estados Unidos podría intervenir si España no lograba poner fin a la crisis que Weyler estaba creando en Cuba. El presidente **William McKinley**, que asumió el cargo en Marzo de 1897, estaba aún más ansioso por involucrarse. El conflicto Cubano estaba perjudicando seriamente las inversiones Estadounidenses en la isla (estimadas en **US$50** millones), y casi acabó con el comercio Estadounidense con los puertos Cubanos (valorado en **US$100** millones anuales).

En la Resolución Conjunta, Estados Unidos se presentaba como defensor de la independencia de Cuba, dispuesto a intervenir en la guerra sin ninguna intención de dominar nuestro territorio; sincero oponente del colonialismo español. Pero esta "generosa" declaración encerraba una bien calculada política, dirigida a convencer al pueblo norteamericano que veía con extraordinaria simpatía la causa de la libertad de Cuba. Esto hacía que Estados Unidos, actuara con cautela y tratara de aparentar que intervendría en la guerra con los mejores deseos de ayuda. Así, encubría su verdadero objetivo, que era arrebatar a los cubanos la victoria obtenida después de 30 años de lucha y establecer su dominio en Cuba.

Estados Unidos declaró formalmente la guerra a España el 21 de abril de 1898. ¡Había comenzado la Guerra Hispano-cubano-norteamericana! Se producía la intervención imperialista.

Según lo previsto, un día después de declarada la guerra se inició el bloqueo de los puertos cubanos por la marina de guerra norteamericana; de esta forma, se impedía el abastecimiento a la Isla desde el exterior. Poseedores de un control absoluto sobre el mar, partieron las tropas norteamericanas para invadir a Cuba.

Desde fines de abril hasta el mes de julio, bombardearon los puertos de Matanzas, Cárdenas, Baracoa, Manzanillo y Santa Cruz del Sur, sin justificación militar alguna, puesto que en ellos no había concentraciones de fuerzas enemigas. El único propósito era el de atemorizar a la población indefensa y llevar la destrucción y la muerte a los hogares cubanos. ¡Hasta con el exterminio de la población pretendían los yanquis apoderarse de Cuba!

Confiados en las declaraciones públicas hechas por el gobierno norteamericano en la Resolución Conjunta, los cubanos decidieron colaborar con este en la guerra frente a España, pero en ningún momento Estados Unidos aceptó.

¿Por qué el gobierno norteamericano adoptó esta actitud?

Porque bajo ninguna circunstancia, querían reconocer a los independentistas cubanos como representantes de un Estado revolucionario. Esto podía atar las manos de los imperialistas, o por lo menos, obstaculizar sus aspiraciones de dominio sobre nuestro país. Sin embargo, Estados Unidos estaba consciente de la fuerza del Ejército Libertador.

Si el **fervor por la guerra** había ido creciendo en los Estados Unidos, a pesar de la proclamación de neutralidad del presidente **Grover Cleveland** el 12 de Junio de 1895, el sentimiento de **participar en el conflicto** creció en los Estados Unidos cuando **Valeriano Weyler** (el carnicero) comenzó a implementar su política de reconcentración bajo una Ley Mar-

Los personajes del drama de la Voladura del Acorazado Maine: El Maine **entrando en la Bahía de La Habana** en Febrero de 1898. **La prensa Americana** reportando sobre la catástrofe. **Grover Cleveland** y **William McKinley**, presidentes de los Estados Unidos a finales del siglo XIX. El tenebroso **Valeriano Weyler**, organizador de los primeros *Campos de Concentración* de la historia, causando miles de muertes en Cuba.

cial en Febrero de 1896. El golpe final fue una carta del ministro de Relaciones Exteriores Español, **Enrique Dupuy de Lôme**, criticando a McKinley el 9 de Febrero de 1898. Días después explotó el **U.S.S. Maine** y el Congreso Americano aprobó US$50 millones para aumentar su fuerza militar. El 21 de Abril McKinley ordenó el bloqueo de Cuba y cuatro días después Estados Unidos declaró la guerra a España.

Los intereses comerciales Estadounidenses, en general, se opusieron a la intervención y la guerra. La presión popular en Estados Unidos para intervenir se vio reforzada por la evidente incapacidad de España para poner fin a la guerra mediante una victoria o una concesión. El 27 de Marzo los Estados Unidos pidieron que España abandonara la reconcentración, declarase un armisticio y aceptara la mediación de Estados Unidos en negociaciones de paz con los insurgentes.

> El gobierno estadounidense maniobró de tal forma que no se comprometió con ninguna de las fórmulas previstas por los representantes cubanos.
>
> No obstante, la idea de llevar a cabo el licenciamiento del ejército llenó de entusiasmo a los yanquis. Para poder llevar a cabo sus planes, necesitaban un pueblo desarmado, por lo que para este fin, el presidente ofreció un donativo de 3 000 000 de dólares.
>
> ¿Cómo reaccionó la Comisión ante esta inesperada actitud del presidente de Estados Unidos?
>
> Los comisionados no se dejaron sorprender, sabían que aceptar el "regalo" significaba licenciar al Ejército Libertador sin ninguna garantía para la independencia de Cuba, por lo que fue rechazado.

El gobierno Español no había preparado su ejército o marina para la guerra con los Estados Unidos, ni había advertido al público Español de la necesidad de renunciar a Cuba. La guerra significaba un desastre seguro; una rendición podría significar el derrocamiento del gobierno o incluso de la monarquía. España buscó el apoyo de los principales gobiernos Europeos, pero excepto Inglaterra, ninguno le ofreció esperanzas. Lo único que Alemania, Austria, Francia, Gran Bretaña, Italia y Rusia, hicieron fue llamar a McKinley para rogarle, en nombre de la humanidad, que se abstuviera de una intervención armada en Cuba. McKinley les aseguró que la intervención era la mejor muestra de humanidad. El Papa León XIII tampoco pudo lograr nada. España ofreció un armisticio y la autonomía para Cuba, pero no la independencia, que McKinley consideraba indispensable para restaurar la paz en Cuba.

El Congreso respondió el 20 de Abril expresando que "**el pueblo de Cuba es, y por derecho debe ser, libre e independiente.**" España rompió inmediatamente relaciones diplomáticas y el 24 de Abril declaró la guerra a los Estados Unidos. Una flota Española de cuatro cruceros acorazados y tres destructores, comandada por el almirante **Pascual Cervera y Topete**, navegó hacia el oeste desde las islas de Cabo Verde. Su paradero permaneció desconocido hasta finales de Mayo, cuando fue localizado en el puerto de Santiago, en la costa sur de Cuba. El *Escuadrón del Atlántico Norte* al mando del Contralmirante **William T. Sampson** y el llamado *Escuadrón Volador* al mando del Comodoro **Winfield Scott Schley** bloquearon la entrada del puerto.

La guerra se libró en gran medida contra la propiedad, destruyendo caña de azúcar e ingenios azucareros. Más importante que los efectos sobre los intereses monetarios Estadounidenses fueron las llamadas "*áreas de reconcentración*" de Weyler, que agobió el sentimiento humanitario Estadounidense. Miles de reconcentrados estaban muriendo por la intemperie, el hambre y las enfermedades. William McKinley estaba deseoso de preservar la paz con España, pero en su primer mensaje al Congreso, dejó en claro que Estados Unidos podía no permanecer al margen y ver cómo la lucha sangrienta se prolongaba indefinidamente. El Senado y la Cámara declararon en una resolución conjunta que los insurgentes merecían derechos como beligerantes. Fue inevitable que tras el hundimiento del Maine y la carta de Enrique Dupuy de Lôme diera lugar al grito **"¡Recuerden el Maine, al diablo con España!"**

> Mientras el Ejército Libertador permanecía organizado, el general en jefe Máximo Gómez se mantenía al frente, receloso, expectante, en su campamento del central Narcisa, cerca de Yaguajay. No veía clara la situación, aunque había seguido cuidadosamente el curso de los acontecimientos desde la evacuación de las tropas españolas a fines de 1898. El viejo mambí sentía un gran disgusto por la forma típicamente conquistadora en que se comportaba Estados Unidos y su desprecio hacia los cubanos.
>
> ¡La sombra de las garras yanquis se mantenía sobre el cielo de Cuba!
>
> La cínica maniobra del imperialismo se inició cuando, a fines de enero de 1898, el presidente de Estados Unidos envió a Cuba al funcionario Robert Porter con la misión de entrevistarse con Máximo Gómez en su campamento. En la entrevista Porter aseguró al Generalísimo que Estados Unidos respetaría la Resolución Conjunta, en lo referente a la independencia de Cuba. Con estas palabras demagógicas, Porter logró tranquilizar a Gómez acerca de sus propósitos y, al mismo tiempo, consiguió indisponerlo con la Asamblea del Cerro al informarle de las gestiones de esta en favor de un empréstito, excesivo, según insinuó Porter, así como de la negativa, por parte de la Asamblea, a recibir el "regalo" de 3 000 000 de dólares que el presidente estadounidense quería hacer a Cuba. Por último, lo invitó a trasladarse a La Habana para colaborar en la solución de los problemas cubanos.

En su determinación de presentar a la juventud Cubana una historia en la que sólo los Marxistas actuaban patriótica e inteligentemente, las autoras del libro decidieron enlodar a todas las figuras de pensamiento democrático que lucharon por la independencia de Cuba y resaltar únicamente a sus escogidos. **Máximo Gómez** fue uno de los Mambises sobre los que se descargó un velo de duda sobre su inteligencia y su integridad.

Nacido en Bani, Republica Dominicana y adiestrado en el mundo militar dentro del ejército de su país (1852-1861) y el ejército Español (1861-1865), Máximo Gómez y Báez, como **Generalísimo**, fue el más alto oficial en las guerras de independencia Cubana (1868-1898). En su preparación académica figuró principalmente su padrino, un **sacerdote** llamado Andrés Rosón. A los 16 años alcanzó el grado de **Alférez** en su país, y viajó a Cuba para alistarse al movimiento emancipador Cubano.

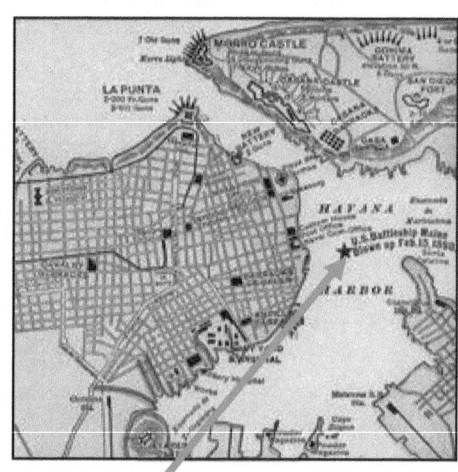

Lugar donde se encontraba el Acorazado Maine

Imágenes de los días en que explotó el Acorazado Maine en la Bahía de La Habana. **Enrique Dupuy de Lôme**, que escribió la carta insultante al presidente de los Estados Unidos. El estado del **Maine** al ser reflotado.
El **lugar** de la bahía donde ocurrió.
La consigna de Guerra: ... **REMEMBER THE MAINE**!

En su matrimonio con **Bernarda del Toro** tuvo 14 hijos, muchos de ellos en la manigua Cubana donde ella fue frecuentemente su compañera; uno de sus hijos fue **Panchito Gómez Toro** que murió al lado de su mentor y gran amigo Antonio Maceo en Punta Brava un 7 de Diciembre de 1896.

Como jefe militar, **Máximo Gómez** fue idolatrado, admirado, respetado y querido, a la vez que un tanto intimidante, una rara simbiosis de ternura y nobleza. De él dijo **Enrique Collazo**, «*...era ardiente, tenaz, de pasiones violentas y de un golpe de vista rápido y certero, audaz en sus concepciones y en la ejecución, de firmes propósitos y de un patriotismo y desinterés poco comunes.*»

Su subalternos lo bautizaron como "*el Napoleón de las guerrillas;*" **Arsenio Martínez Campos** como "*el más grande guerrillero de América;*" el Capitán General Español **Ramón Blanco y Erenas**, como un hombre de "*clara inteligencia y nobles sentimientos;*" el primer Ministro Español **Cánovas del Castillo**, como "*...realmente el único General que había en Cuba;*" el Mariscal de Campo **Manuel Armiñán**, al que se enfrentó en la batalla de *Las Guásimas* como "*... el más valioso de nuestros enemigos.*"

Sobre España, **Máximo Gómez** declaró en una ocasión... «*Yo he hecho la guerra a España, no a los Españoles, a quienes respeto y quiero verlos juntos a los Cubanos para que todos unidos terminemos la obra que ya toca a su fin.*» Una frase que alabó muchas veces **José Martí**.

Gómez hizo siempre un culto del trabajo y la pasión por la tierra. «*En mi vida no he odiado más que una cosa: la guerra. Es la agricultura el más grande amor mío; yo amo la tierra que desenvuelve mediante el alimento y el trabajo las fuerzas del hombre.... No hay médico más insigne para curar todos los males, como es el trabajo, a él me he dedicado con ahínco y nunca me ha faltado pan para mis hijos.*»

Bonifacio Byrne, el gran poeta Matancero, *le dedicó uno de sus sonetos:*

¡Émulo de Bolívar! En la historia / Tu nombre habrá de ser una alborada / !El sol es un reflejo de tu espada, / Y tu espada es un átomo en tu gloria!

Se purifica la mundana escoria,/ Con tu austera figura inmaculada, / E igual a una mujer enamorada / Va siguiendo tus pasos la victoria.

¡Aún te sobra vigor! Tu brazo es fuerte; / Céspedes y Agramonte, conmovidos, / Tan grande y noble y generoso al verte

En una misma admiración unidos, / Desde el umbral de luz que hay en la muerte Te esperan con los brazos extendidos!...

Durante la guerra, **Máximo Gómez** escribía de noche hasta altas horas, legando a Cuba una inmensa obra epistolar, reflexiones, preocupaciones, literatura de campaña, meditaciones sobre el futuro de Cuba y su impresionante y valioso *Diario de Guerra*, pliegos en los que se revela la dimensión de su patriotismo y su personalidad.

Uno de los errores imperdonables del libro Historia de Cuba con que se adoctrina a la juventud Cubana, es calificar a **Máximo Gómez** como un hombre escaso de entendimiento que ingenuamente cayó en una trampa política.

> Máximo Gómez no se percató de los manejos imperialistas y cayó en la trampa tendida por Porter. Compartió el criterio de rechazar el empréstito y aceptar el "regalo" del presidente yanqui, pues pensaba que aceptar el empréstito era obligar a Cuba a contraer una deuda creada con Estados Unidos antes de constituirse en República.
>
> Tanto Gómez como la Asamblea del Cerro actuaron con la mejor intención de acuerdo con lo que ellos pensaban y la experiencia que poseían, pero faltaba entre ellos la confianza y el entendimiento mutuos.
>
> ¡Los yanquis iban logrando sus objetivos divisionistas!
>
> Tal y como lo habían previsto los imperialistas, con la presencia de Máximo Gómez en La Habana se agudizaron los enfrentamientos con la Asamblea. El Generalísimo, valiéndose de su autoridad moral, declaraba tajantemente su oposición al empréstito que gestionaba la Asamblea.
>
> La Asamblea del Cerro, sintiéndose ofendida por la actitud de Máximo Gómez, decidió su destitución como general en jefe del Ejército Libertador.
>
> Este paso dado por la Asamblea, le costó perder el apoyo moral del pueblo.

Mucho se habla en este libro de **Historia de Cuba**, oficialmente presentado por la Cuba Marxista, sobre las veladas intenciones de los Estados Unidos de apoderarse de Cuba. La situación geopolítica de una nación continental ambicionando tener el control de una isla cercana a sus costas ha subsistido por siglos. España con las Baleares y las Canarias; Francia con Córcega y Cerdeña; Italia con Sicilia y Cerdeña; Inglaterra con Irlanda y la Isla de Man; Argentina con Falkland o Malvinas; Ecuador con Galápagos; Chile con Easter Island; Venezuela con Margarita y Aruba, y muchas otras; de hecho, muy pocas islas colindantes con un continente (Greenland, Borneo, Madagascar, Sumatra, entre muy pocas otras) han tenido éxito en establecerse como países independientes. En 1823, de hecho, el presidente **James Monroe**, lanzó la *"Doctrina Monroe,"* señalando el deseo de los Estados Unidos de ejercer un control económico e ideológico no sólo sobre Cuba sino sobre todo el continentes americano y así evitar futuras colonizaciones por ninguna potencia Europea.

Cuba en efecto **siempre ha sido atractiva para los Estados Unidos** como posesión. En 1808, **Thomas Jefferson** sugirió que Estados Unidos compraría Cuba a España, si España demostraba ser incapaz de mantener su control sobre la isla. En 1848, después de ganar la Guerra México-Estadounidense (1846-48), Estados Unidos anexó Texas, Nuevo México y California, el presidente **James Polk**, ofreció tentativamente a España US$100 millones por Cuba, que fueron rechazados. En 1850: Voluntarios estadounidenses, especialmente sureños ansiosos por anexar Cuba y así inclinar la balanza nacional a favor de los estados esclavistas, respaldaron a Narciso López para invadir a Cuba, cuyo intento fracasó. En 1854 el presidente **Franklin Pierce**, patrocinó el *Manifiesto de Ostende*, que de

Cuatro Presidentes de los Estados Unidos que quisieron comprar la Isla de Cuba, por su cercanía a las costas del país:

Thomas Jefferson en 1808.
James Monroe en 1823.
James Polk en 1845, y
Franklin Pierce en 1854.

Adoctrinamiento en Cuba   **45**

clara que si España se negara a vender Cuba a los Estados Unidos, *"según todas las leyes, humanas y divinas, estaremos justificados para arrebatársela a España si poseemos el poder."* Finalmente, en 1857, el presidente **James Buchanan**, declaró:

> *«Los Estados Unidos nunca han adquirido territorio alguno excepto mediante una compra justa o, como en el caso de Texas, mediante la determinación voluntaria de un país valiente, afín e independiente,»*

poniendo punto final a rumores de invasión a Cuba si los Cubanos no lo pedían.

El imperialismo logró sus propósitos, las instituciones representativas del pueblo cubano habían sido destruidas. Nuestro pueblo quedaba totalmente en manos del gobierno interventor.

Las condiciones en que había quedado Cuba al finalizar la Guerra del 95, no eran propicias a los imperialistas. De inmediato, las autoridades de ocupación tomaron medidas para organizar la vida del país, a fin de "preparar el terreno" a los monopolios explotadores. Efectuaron un censo que les ofreció una valiosa información acerca de la situación real de la Isla en cuanto a número de habitantes, fuerza laboral, nivel cultural de la población y distribución de las principales fuentes de riquezas del país. Dejaron vigente la estructura jurídica caduca y abusiva de la colonia, rigiendo los códigos y leyes españolas que irían modificando de acuerdo con sus conveniencias.

Durante los años que precedieron a la Guerra Civil Americana, las discusiones sobre cuándo y cómo conquistar o anexar naciones como Cuba, aparecían frecuentemente en diarios y periódicos Norteamericanos. Tanto las facciones a favor como en contra de la esclavitud estaban ansiosas por extender el territorio Estadounidense hacia el sur. La más notable de esas especulaciones fue un artículo titulado *"¿Queremos a Cuba?"* que concluía expresando que Estados Unidos no debería tomar Cuba, a pesar de sus riquezas, dando razones violentamente racistas y ofensivas.

> *«La única esperanza que podríamos tener para equipar a Cuba para la dignidad de ser uno de nuestros Estados Unidos es americanizarlo totalmente, cubriéndolo con gente de nuestra propia raza»*

Una sonora respuesta (de seis páginas) fue escrita por **José Martí**, titulada *"Vindicación de Cuba"*, publicada en el Evening Post el 21 de Marzo de 1889, fustigando la arrogancia del autor.

Entre los muchos errores y falsedades que se plantean en esta Historia de Cuba que ha sido utilizada a través de varias generaciones para engañar y adoctrinar a la juventud Cubana, están los acronismos y tergiversaciones que comienzan en la **página 166** del libro.

La familia **Rionda**, una poderosa fuerza económica en la Cuba de finales del siglo XIX y principios del XX, es **100% de origen Español**, Asturiano en particular, empresarios y capitalistas que dieron empleo a cientos de Cubanos y fueron en gran parte responsables del boom azucarero de Cuba.

Manuel Rionda y Polledo (1854-1943) nació en una familia de 6 hermanas; **María** (casada con **Alfonso Fanjul**), Isidora (**casada** con **Alberto Noriega**), **Gregoria** (casada con **Nicasio Fernández**), **Ramona** (casada con **Pedro Alonso**), **María de la Concepción** y **Bibiana** (casada con **José de la Braga**) y 3 hermanos; **Francisco** (1844-1898), **Joaquín** (1848-1889) y **Manuel** (1854-1943) todos nacidos en **Oviedo**, Asturias, España.

Francisco fue el primer hermano en llegar a Cuba a principios de la década de 1870 para trabajar para su tío **Joaquín Polledo Álvarez**, propietario de plantaciones de azúcar. Ambos se convirtieron en socios de **Polledo, Rionda & Co.**, una empresa exportadora de azúcar en Matanzas. Luego siguió **Joaquín** y más tarde **Manuel** se unió a ellos por un breve período en 1870 antes de partir para completar su educación en los Estados Unidos.

En 1873, **Joaquín** se asoció en Manhattan con una empresa de comercio de productos básicos, **Benjamín, Rionda & Co.**, que años después se convirtió en **Rionda, Benjamín & Co.**, dado el impacto empresarial de **Joaquín**. En 1874, su hermano **Francisco** se unió a la empresa.

Dos años después, en 1875 **Francisco** se casó con **Elena de la Torriente** y tuvo seis hijos; **Francisco, José Bernardo, Leandro, Elena Felicia, Salvador** y **Esperanza** Rionda. Elena era hija de **Cosme De la Torriente**, un personaje y apellido que no necesitan explicación en la historia de Cuba. Los **De la Torriente** eran dueños de siete ingenios azucareros: **La Amistad, Carlota, María, Isabel, Progreso, San Pablo** y **Elena**, todos los cuales fueron tarde o temprano administrados por **Francisco Rionda**.

Completada su educación en Maine, en 1897, **Manuel** se unió a **Czarnikow, MacDougal & Co.**, una empresa establecida en 1861 en Londres, que en ese momento era el **corredor de azúcar** más importante del mundo. La empresa había sido establecida en 1891 por el inmigrante Polaco-Judío **Julius Ceasar Czarnikow** y el Escocés **George McDougal**. **Manuel** reclutó a **Francisco**, que entonces vivía en Nueva York, para representar la empresa en Cuba. En Mayo de 1898, **Francisco** adquirió 50,000 acres de páramo de **Salvador Cisneros Betancourt** en la costa sur cerca de **Guayabal**, al este de la plantación y del central **Tuinicú**.

Terminada la guerra del '95, comenzó la molienda de 1899; **Manuel** visitó Cuba para saber si **Tiunucú** había sobrevivido a la guerra. En efecto, descubrió que, aunque todo estaba cubierto de maleza podía ser rescatado. El cuñado de Manuel, **Pedro Alonso**, se encargó de la reconstrucción, gestionando a su vez la construcción en 1900 del ferrocarril central desde Santa Clara a través del centro de la isla hasta la provincia más oriental de Oriente gracias a su amistad con **Sir William Van Horne**. En la primavera de 1900, **Tuinicú** produjo 3,400 sacos de azúcar para la venta.

Cualquier país en el mundo se hubiera regocijado con los aportes de los **Rionda**, los **Czarnikow**, los **De la Torriente**, y los **Alonso** a su economía y desarrollo. Pero eso es algo incomprensible para los Marxistas y los Comunistas, cuyo credo dispone que la iniciativa debe provenir de un gobierno central, que en definitiva asume la dirección total del país para mantener la clase trabajadora esclavizada mientras la nomenclatura goza de los privilegios que cree merecer con el trabajo y sudor de sus súbditos.

He aquí, a continuación, como el libro Historia de Cuba, que ha adoctrinado a los Cubanos desde fines del siglo XX, describe el desarrollo económico Cubano tras la infusión de tecnología y conocimientos de un mercado libre:

> La familia Rionda, de capital estadounidense, construyó en 1899 el central Francisco. En este propio año, la Sugar American Company levantó en Matanzas el central Mercedes y en 1901, esta compañía se adueñó de la refinería de Cárdenas, la única existente en el país en esa época. También en ese año adquirió 1 900 caballerías al norte de la antigua provincia de Oriente e instaló en ellas el central Chaparra.
>
> La United Fruit Company que, desde la década de 1880 controlaba las plantaciones bananeras de Centroamérica, hizo su entrada en Cuba durante los años de ocupación, cuando adquirió en la zona oriental de Mayarí 5 000 caballerías de tierra por el increíble precio de 500 pesos; es decir, menos de un centavo por cada manzana de terreno. El poder de la United Fruit Company en Cuba llegó a ser tal que en sus extensas propiedades había poblados donde ni siquiera regían las leyes cubanas. Además, tenía dominio total sobre el transporte local, acueductos y otros servicios.
>
> La Havana Comercial compró en 1900 las fábricas de tabaco de Fernando García y Hno. Este monopolio tabacalero operaba sobre la base de que los propietarios cubanos o españoles, al verse arruinados, se veían obligados a vender sus negocios que pasaban a manos del monopolio. Con este procedimiento, eliminaban la posible competencia de empresarios que tenían más experiencia en la elaboración de tabacos.
>
> Los yanquis también invadieron la minería con sus capitales. Desde el 23 de marzo al 28 de junio de 1901, una comisión de expertos de Estados Unidos vino a Cuba para investigar acerca de la cantidad de recursos minerales existentes en la Isla. Como consecuencia de esta investigación, el gobernador yanqui otorgó 218 concesiones mineras para la explotación de hierro, cobre, manganeso y plomo en Oriente y Camagüey.
>
> Las inversiones norteamericanas en Cuba crecían por día, a pesar de que en 1899 el gobierno de Estados Unidos, a petición de los dirigentes independentistas, aprobó la Enmienda Foraker, que establecía:
>
>> (...) No se otorgarán concesiones de ninguna clase por los Estados Unidos ni por ninguna autoridad militar o de cualquier clase en la Isla de Cuba mientras en ésta dure la ocupación de aquellos.

De igual forma se caracteriza la inversión en un ferrocarril que por primera vez unía a Oriente y Occidente a todo lo largo de la isla de Cuba. La **Orden Militar 34,** del 7 de Febrero de 1902, facilitaba la adquisición de terrenos para la construcción de vías férreas, con lo cual se abrían más las puertas a la inversión de capitales por las compañías azucareras norteamericanas o de cualquier otra parte del mundo. No era posible, dado el estado de ruina de la economía Cubana durante y después de la guerra del '95, dedicar fondos para la construcción de ferrocarriles excepto con la inyección de capital y tecnología Norteamericana o Inglesa. El papel de Sir William van Horne fue esencial en la realización de ese proyecto.

William Cornelius Van Horne nació el 3 de febrero de 1843 en una granja en el condado de Will, Illinois. En 1854, la tragedia golpeó a la familia Van Horne cuando el padre de William murió de cólera. William Van Horne tenía once años, y pudo ayudar a mantener a la familia cuando comenzó su primer trabajo a los 14 años como telegrafista con el **Ferrocarril Central de Illinois** en la oficina de Chicago de la compañía. Así comenzó su carrera como uno de los más grandes ferroviarios jamás conocidos. En 1864, a la edad de 21 años, Van Horne comenzó un nuevo puesto como **despachador de trenes en Bloomington, Illinois**. A los 29 años fue nombrado **superintendente general del Ferrocarril Central de Illinois**; en ese momento era el jefe de ferrocarril más joven del mundo. En su progreso empresarial llegó a ser superintendente de los ferrocarriles de **Chicago, Milwaukee y St. Paul**, y poco después se convertiría en gerente general de **Canadian Pacific Railway (CPR)**. En 1888, fue nombrado presidente, y en 1894, recibió el título de caballero por sus notables logros.

Van Horne fue un hombre renacentista, que a lo largo de su vida fue geólogo aficionado, jardinero de primer nivel, caricaturista, prestidigitador, lector de mentes, violinista, bromista, gourmet y jugador de póquer de maratón; era extravagante, franco y polifacético.

Después de la Guerra Hispanoamericana, Van Horne se convirtió en uno de los principales promotores del mundo ferroviario e industrial de Cuba. En Mayo de 1894, la reina **Victoria** lo nombró Caballero en reconocimiento a su distinguido servicio público. El 11 de Septiembre de 1915, Sir William Cornelius Van Horne murió a los 72 años de edad en su casa de Montreal. Fue enterrado en su ciudad natal de Joliet, Illinois.

Sugerir que Van Horne fue participante en una operación de **despojo** de tierras a campesinos Cubanos para favorecer a empresas azucareras bajo el visto bueno del gobierno de intervención Norteamericano, es una tergiversación de la historia encaminada al adoctrinamiento engañoso de la juventud Cubana.

Además, comenzaron a regir "leyes especiales" que se ejercían mediante órdenes militares, como por ejemplo, la orden militar No. 34 o Ley de ferrocarriles, cuyo objetivo aparente era armonizar y unificar todas las disposiciones de las leyes vigentes en la isla de Cuba sobre ferrocarriles, pero, en realidad, era dictada con el fin de garantizar las inversiones hechas por el capitalista William van Horne, en la construcción del ferrocarril que uniría La Habana con Santiago de Cuba; la orden militar No. 62 o Ley sobre el deslinde de haciendas, hatos y corrales, que en realidad facilitó el despojo de las tierras a los campesinos cubanos, las que fueron a parar a manos de las grandes empresas azucareras estadounidenses. Estas y otras leyes permitieron un aumento considerable de las inversiones del capital norteamericano en Cuba durante el período de ocupación de 1899 a 1902.

El azúcar hizo rica a Cuba, aunque a la larga fue su anatema y maldición. En realidad, muchos más Cubanos vivieron de ella y prosperaron que los que lamentaron haberse metido en el mundo azucarero. Esta página muestra las propiedades de la familia Rionda, de origen Español, grandes magnates del azúcar Cubanos por casi medio siglo. **Fotos**: los centrales de los Rionda, Manuel Rionda a caballo, dos de los Centrales importantes: Francisco (Camagüey), y Tuinicú (Las Villas).

La **página 167** del libro, en su totalidad, es una de las más fraudulentas, embusteras, y antipatrióticas del libro **Historia de Cuba** que el Marxismo utiliza para el adoctrinamiento de la juventud Cubana. La condición de la isla de Cuba al terminar la guerra Hispano-Cubano-Americana era aterradora. La estrategia de "*tea incendiaria*" empleada por los mambises para privar a España de los frutos de la economía Cubana por una parte y los desmanes producidos por la estrategia de "*reconcentración*" de Weyler por la otra, habían hecho de Cuba **un país yermo y estéril**, incapaz de ofrecer sustento ni trabajo a sus habitantes. Muchos residentes abandonaron las ciudades y se congregaron en sus alrededores con la esperanza de encontrar algo que comer. La higiene y la salud quedaron prácticamente en un segundo orden. La isla había sufrido los costosos embates de la guerra y estaba casi convertida en una **ruina inhabitable**.

El primero de Enero de 1899 comenzó oficialmente la intervención Americana tras la Guerra del '95. El gobierno central estuvo en manos de generales Norteamericanos, primero el *Mayor General John R. Brooke* y después el *Mayor General Leonard Wood*, auxiliado por un gabinete civil integrado por **cuatro Cubanos** de distintas filiaciones y tendencias políticas pero fundamentalmente moderadas y conservadoras. En Marzo de ese año, un donativo de US$3 millones del gobierno Norteamericano favoreció el **licenciamiento de 34,000 combatientes Cubanos**, entre soldados y oficiales. Gracias a ese subsidio, un buen número de combatientes se comenzó a dedicar a las actividades agrícolas, especialmente la oficialidad, que recibió una mayor asistencia. Las filas de soldados rasos, en muchas ocasiones, estuvieron faltas de trabajo y pobres de alimentación, y se unieron a las multitudes de necesitados en los alrededores de las ciudades.

> Durante el período de ocupación 1899-1902, los imperialistas yanquis prepararon las bases para el control futuro de todas nuestras riquezas. Para ello se fueron apropiando de los puntos claves de nuestra economía: la tierra, la industria azucarera, la fabricación de tabacos y cigarros, la minería, el transporte, la energía eléctrica y la banca.
>
> La inversión de capitales en Cuba traía aparejada la llegada a la Isla de inversionistas ¡había que cuidarles a estos sus negocios! Por ese motivo, el gobierno interventor llevó a cabo un plan de medidas tendentes a lograr un mínimo de garantía y seguridad.
>
> Para cuidar estas propiedades, se organizaron los cuerpos represivos: la policía urbana, encargada de mantener el orden en la ciudad y la guardia rural, con igual responsabilidad en los campos.
>
> ¿Quién defendía al pueblo de los atropellos a que eran sometidos por los explotadores? ¡Nadie!

Las fuerzas de ocupación decidieron responder a esas necesidades y normalizar la lamentable situación en que estaba la isla. Nombraron a Cubanos procedentes del independentismo con cierta autoridad en la población como **gobernadores civiles** en las provincias, prestándose especial atención a la estructuración de los gobiernos Municipales, organismos básicos para la administración del gobierno militar. Como parte de ese proceso comenzó también la organización de los cuerpos militares necesarios para la protección del orden en los municipios. Fue el inicio de la **guardia rural** y para su mando se designaron oficiales procedentes del **Ejército Libertador.**

Se crearon cuerpos policíacos para pueblos y ciudades, y una guardia rural para el campo, dirigidos por Cubanos seleccionados con **experiencia** en la guerra, adaptados a las **condiciones del clima** y a vivir a campo abierto, conocedores del **idioma** y de la **idiosincrasia** de la población campesina; muchos de ellos aportaron sus propios caballos. Esto evitó la confrontación directa de los militares con la población; los oficiales Norteamericanos se dedicaron al traslado de recursos logísticos desde el Norte, como alimentos, uniformes, correo, etc., para las tropas y los residentes en Cuba.

> También había que cuidarles la salud a estos nuevos conquistadores. La existencia en Cuba de epidemias como la fiebre amarilla, que causaba estragos en las filas del ejército de ocupación, constituía un serio peligro para los planes de inmigración masiva de estadounidenses, trazados por los imperialistas y, además, amenazaba a la propia población sureña de Estados Unidos por su cercanía a nuestro país, y por los contactos que mediante las relaciones comerciales se establecerían entre ambos territorios. Sanear al país era, por tanto, una necesidad.
>
> Bajo la dirección del gobierno interventor se efectuaron distintas obras como: la construcción de alcantarillado en las principales ciudades; la pavimentación de las calles de La Habana y el desarrollo de campañas de higienización, que comprendía la eliminación de charcos pestilentes, así como la organización de la limpieza de calles y la recogida de basura. A pesar de todas estas medidas de higienización, la fiebre amarilla continuó afectando a la población. En 1899, solo en La Habana hubo 1 300 casos, de ellos murieron 322 personas.

Por medio de una Orden General No. 5 de Mayo de 1901, fue nombrado el doctor **Jorge Vega Lamar**, (Cubano, educado y graduado Médico en Nueva Orleans en 1896, expedicionario del vapor *"Three Friends,"* bajo el mando del General de Brigada **José J. Castillo Duany,** y una vez en tierra nombrado como auxiliar del *General José Lacret Morlot*). El nombramiento incluía ser como *"consejero y facilitador de la práctica de la medicina civil en toda la isla, con un salario de US$160 mensuales."* Al terminar la contienda del '95, **Vega Lamar** entró al cuerpo de artillería, con el grado de capitán, y tenía a su cargo el *"Hospital de la Cabaña."* Entre sus misiones estaba la de atender a los militares enfermos, pasar visita al personal ingresado, reclusos, civiles y militares, además de llevar a cabo el reconocimiento físico de los alistados, los oficiales, y los médicos que atendían los Hospitales Civiles. Su principales ayudantes en asuntos civiles fueron dos Cubanos: los doctores **Lázaro Martín Marrero Rodríguez** y el primer teniente doctor **Horacio Ferrer Díaz.**

De inmediato se comenzó una gran obra de saneamiento y desarrollo a todo lo largo de Cuba: dragado de **puertos**, instalaciones de **alcantarillados**, **pavimentación** y **limpieza** de calles, **recogida** de desperdicios, apertura de **clínicas** y **hospitales**, particularmente en provincias, rápidas

medidas sanitarias para combatir la fiebre amarilla, construcción de **muelles** para agilizar el acceso a materiales de construcción, la importación de **medicinas** y productos **alimenticios**, y la exportación de **azúcar** y otros productos del agro. Todo eso en medio de un respeto a la **Enmienda Teller**, aprobada por la Cámara en Washington el Abril 20 de 1898, con una votación de 311 a favor y 6 en contra:

> *Los Estados Unidos por la presente rechazan cualquier disposición o intención de ejercer soberanía, jurisdicción o control sobre la Isla de Cuba, excepto para la pacificación de la misma, y afirman su determinación de que cuando se hayan alcanzado esos objetivos dejará el gobierno de la Isla a su pueblo.»*

En otras palabras, la presencia militar de los Estados Unidos en Cuba, no podía conducir a la anexión de Cuba, sino a dejar "*el control de la isla a su pueblo,*" esto es, Estados Unidos ayudaría a Cuba a obtener la independencia y luego retiraría todas sus tropas del país.

Adoctrinar a la juventud Cubana con las falsedades que se presentan en la **página 167** del libro, es evidencia del desprecio a la educación y a la historia conque se mueven los Marxistas en la Cuba desde hace más de medio siglo.

Para eliminar esta situación vino a La Habana una comisión de médicos de Estados Unidos, encabezados por el doctor Walter Reed, cuyo objetivo era estudiar el origen de la fiebre amarilla y, por supuesto, la forma de erradicar la enfermedad. Después de múltiples y fallidos intentos, la comisión decidió probar la tesis del eminente médico cubano Carlos J. Finlay quien, desde 1881, sostenía que había que eliminar al agente transmisor de la fiebre amarilla: el mosquito *Aedes Aegypti*.

Los norteamericanos pusieron a prueba la teoría de Finlay y comprobaron su veracidad científica. Desde entonces, aquel gran descubrimiento posibilitó la erradicación paulatina de la fiebre amarilla en Cuba y en otras zonas tropicales del mundo.

Las autoridades, para dar muestras una vez más de su espíritu de superioridad y desprecio hacia los cubanos, trataron de despojar a Finlay de su gloria, al atribuirle el descubrimiento al médico norteamericano Walter Reed. Poco a poco, la verdad se abrió paso, hasta reconocerse mundialmente a Carlos J. Finlay como el descubridor del agente trasmisor de la fiebre amarilla, lo que constituyó un trascendental aporte científico para la humanidad.

En cuanto al reconocimiento de **Carlos Finlay** como descubridor del vector de transmisión de la fiebre amarilla... Finlay presentó su teoría en 1881 en una **International Sanitary Conference**, donde identificó al mosquito del género **Aedes** como el organismo transmisor. Su hipótesis y sus pruebas exhaustivas fueron confirmadas cerca de 20 años después, por la **Walter Reed Commission** en 1900. Reed nunca le negó el crédito al Dr. Finlay, y frecuentemente citaba a Finlay en sus artículos.

El General **Leonard Wood**, médico militar Estadounidense, Gobernador de Cuba en 1900, también reconoció a Finlay diciendo:

> *«La confirmación del trabajo del Dr. Finlay es considerada como el mayor paso adelante llevado a cabo por la ciencia médica en mucho tiempo.»*

En la **página 172** del libro, se califican de *"desfachatez"* las palabras del Gobernador **Elihu Root** con relación a la inclusión de un *Tratado Comercial* entre los Estados Unidos (*"el imperialismo"*) y la joven República de Cuba, así como la inclusión de la *Enmienda Platt* a la Constitución de 1901.

La **Enmienda Platt** enunció ocho condiciones que se consideraron necesarias para que las fuerzas militares Estadounidenses se retirasen de la isla después de la guerra Hispano-Cubano-Americana, y para que la soberanía fuese transferida al pueblo Cubano. Entre ellas estaba el derecho de los Estados Unidos...

> *«...a intervenir en los asuntos Cubanos a fin de defender la independencia de Cuba y mantener un gobierno adecuado para la protección de la vida, la propiedad y la libertad individual.»*

A pesar de una considerable oposición, la **Convención Constituyente Cubana** accedió cuando la Administración McKinley...

> *«... prometió que un Tratado Comercial garantizaría el acceso de las exportaciones de azúcar Cubano al mercado norteamericano.»*

La deliberación y redacción de la Constitución se desarrollaron desde el 5 de noviembre de 1900 hasta el 21 de febrero de 1901, día en que se firmó el documento. Cumplida ya la primera parte, la Asamblea designó una comisión, integrada, entre otros, por Juan Gualberto Gómez, para que se dedicara al estudio de la segunda tarea que el gobernador Wood le había asignado; es decir, la que se refería a las relaciones de la naciente República con el gobierno norteamericano.

Antes de que la comisión tuviese tiempo de elaborar una proposición sobre este asunto, fue citada a una entrevista donde Wood le informó acerca de una carta enviada por el secretario de guerra Elihu Root, el 9 de febrero de 1901, en la que se establecían las condiciones para las relaciones entre Cuba y Estados Unidos.

En su desfachatez para tratar con los cubanos el propio Root llegó a afirmar que en las cuestiones de Cuba "(...) los Estados Unidos podían disponer por sí y ante sí sin necesidad de un texto específico (...), pero que su gobierno necesitaba de ese trámite para "(...) garantizarse el 'derecho' de someter a Cuba ante las demás naciones".

El gobierno de Estados Unidos, una vez más, trataba de disfrazar su política de despojo con documentos legales para no manchar su imagen pública; pero en este caso su prepotencia llegó al más alto grado.

El imperialismo no perdió tiempo y el 27 de febrero de 1901, el senador Orville Platt presentó al Congreso de Estados Unidos una enmienda que recogía las "sugerencias" de la carta leída antes por Wood a los cubanos. Inmediatamente fue convertida en ley, al aprobarse por el presidente norteamericano.

> (...) el presidente por la presente queda autorizado para dejar el Gobierno y control de dicha Isla a su pueblo, tan pronto como se haya establecido en la Isla un Gobierno bajo una Constitución, en la cual como parte de la misma, o en una ordenanza agregada a ella se definan las futuras relaciones entre Cuba y Estados Unidos (...)

La **Intervención Americana** al final de la **Guerra Hispano-Cubano-Americana** fue, desde muchos puntos de vista, una especie de *"bendición disfrazada,"* y no una intromisión forzada y ambiciosa. Cuba había quedado destrozada por la guerra, principalmente por la política de *"reconcentración de Weyler,"* y el tipo de guerra de *"tea encendida"* de los Mambises. Por cuatro años se **pavimentaron** muchas calles en las ciudades, se **dragaron** los puertos, se estableció un sistema eficiente de **correo**, se **baldearon** y **asfaltaron** regularmente las calles, se crearon **acueductos** y se amplió el sistema de llevar **agua potable** a las residencias, se crearon nuevos **Centros de Socorro**, y se mejoró la **higiene** a todo lo largo de Cuba. Grandes obras que ve negativamente el Marxismo a pesar de traer enormes beneficios a la **joven** y **descapitalizada** República de Cuba.

El **Tratado de Reciprocidad Comercial** de Cuba con los Estados Unidos, que fue finalmente acordado en 1902, fue con el tiempo criticado por muchos Cubanos por cuatro razones básicas:

1) Condenaron la agricultura y la economía Cubana al monocultivo.[5]

2) Dieron lugar a la dominación del capital Norteamericano en la economía de Cuba.

3) A la larga benefició más a los inversionistas Americanos en Cuba que a los Cubanos.

4) El Tratado perpetuó la dependencia de Cuba en la agricultura a costa de su desarrollo industrial.

Sin embargo, en el período más crítico de la historia de Cuba, en el momento en que la devastación de la guerra del '95 amenazaba a crear un desastre humano de pobreza y hambre en Cuba (consecuencia de la reconcentración de Weyler y estrategia de la "*tea incendiaria*,") el **Tratado** fue la **tabla de salvación** que ofreció una posición privilegiada y envidiable a Cuba dentro del rico mercado Americano, aun cuando fuera impuesto a Cuba por la **Enmienda Platt**. La futura **viabilidad** de la Nación Cubana fue consecuencia de lo logrado con el **Tratado de Reciprocidad Comercial**, a pesar de que, a la larga, lanzó a la isla al monocultivo.

En respuesta a los impuestos favorables establecidos por el Tratado de Reciprocidad de 1902, las exportaciones agrícolas no tradicionales de Cuba **crecieron** rápidamente (cítricos, piñas, y verduras de invierno); su producción fue en gran parte por iniciativa de los colonos Norteamericanos en el campo Cubano. Cuba se convirtió en el principal proveedor foráneo de los Estados Unidos, de una variedad de **verduras**, además de **toronjas** y **piñas** en las que ya habían alcanzado una posición dominante. Al mismo tiempo, Cuba desarrolló su industria de **procesamiento de frutas y verduras** durante este periodo, que también contribuyó a una mayor diversificación de sus exportaciones.

El Tratado de 1902, de hecho, mantuvo para Cuba el acceso **libre de impuestos** al mercado Estadounidense para los productos que se importaban desde Cuba, y se le concedió a Cuba **una reducción especial del 20%** de otros impuestos promulgados por la Ley de Aranceles; A cambio, Cuba otorgó a los Estados Unidos una garantía similar para mantener las disposiciones existentes para el acceso libre de impuestos para ciertos artículos, y las reducciones de impuestos en el rango de **25%** a **40%** en una gama de productos que Cuba importaba de los Estados Unidos. De ahí el título de Tratado de **Reciprocidad** Comercial.

---

[5] Durante la "**danza de los millones**," cuando los precios del azúcar alcanzaron niveles sin precedentes, los árboles de cacao fueron arrancados para dar paso a la caña, y un destino similar afectó las plantaciones de coco. Las plantaciones de cítricos en Oriente fueron desarraigadas también, e incluso la producción de café, que tendía a ubicarse en las regiones más montañosas, sufrió del imperativo de dedicar más tierras para la producción de azúcar.

Las principales exportaciones agrícolas Cubanas que entraron en los Estados Unidos sin pagar impuestos en este momento eran el **cacao**, el **café, bananas, plátanos**, y **cocos**. El principal beneficio inmediato para Cuba fue la reducción del 20% de los impuestos sobre el azúcar que permitió que la principal exportación de Cuba ganara cuota de mercado. La porción Cubana de las importaciones Americanas de azúcar aumentó del **35%** en 1900-1903, al **91%** una década más tarde, y al **98%** en 1922-1925. La industria de la remolacha azucarera Europea y los exportadores de azúcar de caña en las Indias Orientales Neerlandesas y las Indias Occidentales Británicas sufrieron cuantiosas pérdidas como consecuencia; eso, a pesar de que la relación comercial especial entre Cuba y los Estados Unidos no incluyó el tratamiento de **nación más favorecida**. Quiere decir que no se negoció con el objetivo de **promover el comercio mundial más libre**, sino que específicamente se llevó a cabo para **contener la inestabilidad económica y política de Cuba**, y en cierto sentido (¿Por qué no?) para proteger las inversiones Norteamericanas en Cuba.

Las concesiones de Cuba a los Estados Unidos incluyeron una reducción de los impuestos sobre alimentos provenientes de los Estaos Unidos como **carne, manteca de cerdo, aceites vegetales, harina de trigo, arroz** y **papas;** a propósito, hechos con mucha discreción y cuidado para no arruinar las industrias de manteca y aceite de Cuba.

Puede asegurarse que durante los períodos de alto proteccionismo en los Estados Unidos, Cuba fue bastante inmune a la competencia extranjera debido a su **relación especial** con los Americanos, y por supuesto, muchos años después del tratado de 1902, cuando la producción Americana de frutas y verduras creció rápidamente dentro del territorio Americano, Cuba pudo protegerse de los grupos de presión de la industria de frutas y verduras de **California**, **Texas** y **Florida** gracias en gran medida a esa relación especial.

La humillante Enmienda Platt, en sus artículos aseguraba a los imperialistas su dominio absoluto sobre Cuba; les reservaba el derecho a decidir, según su conveniencia, sobre el futuro de Cuba; a mutilar nuestro territorio con el establecimiento de bases navales que les servirían para ejercer presión sobre los gobiernos y frustrar cualquier movimiento revolucionario; les permitiría determinar sobre Isla de Pinos y que firmáramos un tratado por el cual estaríamos sujetos para siempre a ellos.

Con esta ley, el gobierno norteamericano ponía a la Asamblea Constituyente ante una disyuntiva: o era aceptada la Enmienda Platt o se mantendría la ocupación. Para hacerla cumplir estaba el gobierno interventor yanqui, respaldado por las bayonetas del ejército de ocupación, que nunca había tenido interés en reconocer la sangre derramada por el pueblo cubano para lograr su verdadera independencia. Este fue otro ejemplo del desprecio que sentía Estados Unidos hacia los derechos que con tanta dignidad se había ganado nuestro pueblo.

Desafortunadamente, la presente posición Marxista en Cuba no augura la continuación de esa relación especial en un futuro, a pesar de la situación geográfica ventajosa de Cuba. El mercado mundial es ahora muy diferente. Las tarifas de los Estados Unidos han caído a niveles históricamente bajos y los acuerdos comerciales han proliferado a escala mundial. En el hemisferio, los Estados Unidos ahora tienen acuerdos de libre comercio con **México** y **Canadá** (first NAFTA, now USMCA), **Centroamérica** y **República Dominicana** (CAFTA), **Chile**, **Panamá** y **Colombia**. Esto significa que una vez que se reanuden las relaciones comerciales de Cuba y los Estados Unidos y el comercio pueda reanudarse, Cuba puede encontrarse en la posición de ser uno de los pocos países de América Latina que enfrenten las **tarifas completas** para sus productos en el mercado Americano. México, específicamente, ocupa el lugar especial que Cuba tenía en el mercado más rico y desarrollado del mundo, que son los Estados Unidos. Los Marxistas Cubanos, por supuesto, lo ignoran.

Las **páginas 183** a **186** presentan una falsa, engañosa y embustera descripción de las primeras elecciones de Cuba en Diciembre de 1901, y una injuriosa y ofensiva falsedad sobre Don **Tomás Estrada Palma** como candidato presidencial.

> Luego de asegurarse el derecho de intervenir en Cuba mediante la Enmienda Platt, los imperialistas yanquis, representados por Leonardo Wood, se dieron a la tarea de asegurar en Cuba un gobernante que representara sus intereses.
>
> *Formación de la República neocolonial*
>
> A partir de la creación de partidos, los norteamericanos maniobraron para controlar las elecciones presidenciales que se celebrarían en diciembre de 1901.

Estrada Palma fue presidente de Cuba en más de una ocasión. Comenzó sus estudios en La Habana, y fue en Sevilla donde se licenció en derecho. En la **Guerra de los Diez Años** formó parte del movimiento insurreccional capitaneado por Carlos Manuel de Céspedes en 1868, y luchó bajo **Donato Marmol**, llegando a ascender hasta el grado de General. Ocupó distintos cargos en la **Asamblea de Guáimaro.** Cuando tan sólo llevaba un año como presidente, en un viaje que realizaba hacia Bayamo, fue **sorprendido** cuando se encontraba acampado junto con su escolta en Tasajeras, entre los ríos Cauto y Salado, hecho **prisionero** por tropas Españolas y enviado al Castillo de Morro para más tarde ser trasladado a **Figueras** (Gerona, España), donde permaneció hasta la firma de la Paz de Zanjón en 1878. Tras su liberación, se trasladó a París y desde allí a Estados Unidos, donde fijó su residencia en **Central Valley** (Nueva York), dedicado a la enseñanza en un colegio de gran prestigio fundado por él. Tras la muerte de Martí en Dos Ríos, Estrada Palma fue designado **Ministro Plenipotenciario del Gobierno Provisional de la República de Cuba en Estados Unidos,** y fue jefe de la **Junta Revolucionaria** (en Nueva York), dedicada a comprar armas y a buscar ayuda económica para apoyar la insurrección en Cuba. En 1902 Estrada Palma, sin haberse alineado con ningún partido, ni haber hecho campaña para el cargo, fue electo Presidente de Cuba, adonde regresó solo después de las elecciones. Carente de experiencia política gobernó a Cuba, una nación salida de una devastadora guerra, con la misma austeridad que dirigiera su colegio de Central Valley, adoptando una economía basada en mayores ingresos que gastos, consiguiendo en 1905 un **superávit** de más de US$20 millones de dólares, cifra jamás alcanzada por ningún otro presidente Cubano en la historia.

Declarar en el libro **Historia de Cuba** de los Marxistas Cubanos que Estrada Palma fue **anexionista, entreguista,** que aceptó con gusto la **Enmienda Platt,** y se identificaba con los Estados Unidos más que con Cuba, es una perversa tergiversación encaminada a desprestigiar a un hombre de la absoluta confianza y sucesor de **José Martí,** que no solamente luchó y sufrió presidio por la causa Cubana sino fue, posiblemente, el más recto y honesto de todos los presidentes electos en la Cuba Republicana. Tratar de deshonrar a Estrada Palma es deshonrar a José Martí o acusarlo de ingenuidad al confiar y respetar a Don Tomás de Estrada Palma como hizo siempre Martí.

La candidatura de Masó era apoyada por una coalición formada por los partidos Republicano Independiente y Unión Democrática y otros partidos provinciales.

El otro candidato era Estrada Palma, quien a pesar de haber participado en la Guerra del 68, de haber ocupado la presidencia de la República en Armas y de quedar como delegado del Partido Revolucionario Cubano cuando Martí partió hacia Cuba, en estos momentos se mostraba a favor de la anexión y apoyó, sin reservas, la vergonzosa Enmienda Platt.

Estrada Palma Había vivido los últimos 20 años en Estados Unidos y se había hecho ciudadano norteamericano; era evidente su identificación con los intereses de ese país.

Existen diversos documentos que demuestran la posición anticubana de Estrada Palma, aunque esta no se hacía pública. Por ejemplo, en 1898, señaló en una carta qué:

(...) está ya completo el plan hábilmente preparado por el gobierno de Washington para imponer la paz de Cuba sobre la base de independencia con la garantía moral de los Estados Unidos, para asegurar la paz y el orden, promover las inversiones de capitales americanos en todo género de empresas en la isla y desarrollar entre ambos países un comercio recíproco que afianzará la prosperidad interior de nuestra patria (...)

Bartolomé de Jesús Masó Márquez, último presidente de la República en Armas, era hijo de padre Catalán y madre Cubana y Bayamesa; nació en **Yara** en una finca llamada "*Cerca Pie;*" más tarde se mudó con sus padres a la ciudad costera de Manzanillo. Fue educado en el Convento de Santo Domingo. De joven puso sus actividades al servicio del comercio, y cultivó su interés por la literatura, componiendo también versos. En 1851 protestó en un discurso contra la ejecución de Narciso López en el garrote. Desde ese hecho estuvo bajo vigilancia de las autoridades coloniales.

Masó fue Vicepresidente del gobierno rebelde durante la Guerra de Independencia, 1895-1898 y luego Presidente brevemente, del 10 de Octubre al 31 de Diciembre de 1898. Se había desempeñado como ayudante del General **Carlos Manuel de Céspedes y del Castillo** durante la Gue-

Tres fotos de los extraordinarios días del 1902: se izó la **bandera Cubana** en el antiguo **Palacio de los Capitanes Generales** y en la **fortaleza del Morro**; y Estrada Palma recorrió Cuba entera en una **cabalgata** que nunca podrá olvidarse.

rra de los Diez Años (1868-1878), convirtiéndose en Secretario de Guerra de los rebeldes. Fue capturado en la **Guerra Chiquita** y pasó un año preso en España. El 24 de Febrero de 1895 encabezó un bien organizado levantamiento en la provincia de Oriente, anunciado como el **Grito de Baire**, y prestó su apoyo a las fuerzas patriotas que posteriormente desembarcaron en la provincia. Llegó a ser General de División y cuando muchos Cubanos le ofrecieron postularlo a la presidencia en 1901, renunció a esa candidatura por respeto a **Tomás Estrada Palma**, un gran amigo al que escribió emocionado al conocer que era candidato a la primera presidencia Cubana. Inmediatamente mostró su responsabilidad cívica apoyando la candidatura de Estrada y luego se retiró de la vida pública.

Es una clásica estratagema de adoctrinación del libro **Historia de Cuba** utilizado por los elementos Marxistas que gobiernan a Cuba, calificar las elecciones de 1901 como *"amañadas, fraudulentas e ilegales,"* a **Estrada Palma** como *"proimperialista, un instrumento Americano impuesto, no electo honradamente,"* y *"favorecido por los Yanquis,"* con una elección *"ofrecida por los interventores, y expresada por* **Leonard Wood** *con el sable o con la punta de la bota,"* [6]

La desinformación presentada una y otra vez en ese libro trata de restar mérito al júbilo de los Cubanos al alcanzar su independencia. Ignora el programa de las fiestas del advenimiento de la República que incluía no solamente eventos solemnes como la sesión de **transferencia de poder** *y el* **izamiento de la bandera Cubana** *en el Morro y la Casa de Gobierno, sino* **verbenas populares**, **conciertos musicales**, *veladas lite-*

---

[6] La pretensión de borrar de la memoria histórica a **Don Tomás Estrada Palma** se sitúa entre las acciones más deshonrosas contra las tres generaciones de Cubanos que han recibido instrucción deformada y adoctrinamiento ideológico que desvirtúa los hechos e infama nuestros grandes próceres Cubanos. El maestro a quien José Martí distinguió como persona sacrificada y honrada, y a quien legó la presidencia del **Partido Revolucionario Cubano**, había sido presidente de la República en Armas entre 1876-1877, y el primero al instaurarse la República el 20 de Mayo de 1902. Procuró lograr lo mejor para el país y su pueblo en las difíciles y complejas circunstancias de su época. No se corrompió ni robó, sino que impuso la austeridad para procurar mayores ingresos que gastos, por lo que en 1905 había un increíble superávit de US$20 millones. Lamentablemente, su pretensión de reelegirse en 1906 (tal vez inspirado por la reelección de George Washington tras su primer período en 1776, en ambos casos por creer que su obra no se había completado) provocó choques de intereses, que llevó al alzamiento del Partido Liberal y otras fuerzas, por lo que convocó la intervención militar norteamericana, prevista en la Enmienda Platt, y renunció a la presidencia.

Inicialmente se trasladó a Matanzas y poco después se estableció en **La Punta**, una finca heredada de su familia cercana de Bayamo. Allí vivió en un bohío hasta que construyó una pequeña casa de tejas; nunca logró beneficios de la ganadería y los cultivos. A fines de 1908 padeció pulmonía y, sobre todo, un gran decaimiento de ánimo. Murió el 4 de Noviembre, prácticamente un pobre de solemnidad, sin otras propiedades que las que había heredado de sus padres. Fue enterrado, como pidió, en el cementerio Santa Ifigenia, cerca de la tumba de José Martí.

rarias, en las que se ponía de manifiesto el sentido patriótico y la esperanza de estar forjando una república netamente Cubana.

> Todos los elementos oficiales se pusieron a favor del proimperialista Tomás Estrada Palma. Wood, además, nombró una Junta General de Escrutinios, compuesta por cinco miembros, ninguno de los cuales representaba la candidatura de Masó. Las elecciones carecían de las garantías mínimas.
>
> Así, se celebraron las elecciones el 31 de diciembre de 1901 en medio de actos ilegales y estando aún Estrada Palma en Estados Unidos. Sin adversarios, el triunfo del candidato preferido por los yanquis no se hizo esperar.
>
> Estrada Palma regresó a Cuba en abril de 1902 para hacerse cargo de la presidencia que le ofrecían los interventores. La fecha señalada para el traspaso de poderes fue el 20 de mayo de 1902.
>
> Ese día concluyó oficialmente la ocupación militar de la Isla por las tropas estadounidenses y comenzó la República neocolonial, que no fue otra cosa que la consumación del dominio económico y político de Estados Unidos sobre Cuba, remachado por la Enmienda Platt.
>
> La prensa imperialista no ocultaba sus opiniones acerca de este hecho, como lo demuestra este artículo del diario socialista *Daily People*, titulado "Día de la Independencia de Cuba":
>
> ... las elecciones fueron una farsa y no hubo más ley que la voluntad de Mr. Wood, unas veces expresada con el sable o con la punta de la bota. El general Wood trajo y encaramó en el sillón presidencial al instrumento americano (...) nos enseñó cómo se hacían las elecciones fraudulentas y nos impuso de Presidente al señor Estrada Palma.
>
> La partida de los norteamericanos no puso término a su control.

Inclusive el diario **La Lucha**, órgano bilingüe, dirigido por políticos e intelectuales Cubanos nacionalistas y antiestadounidenses, interesados en defender la independencia de su país, publicó en los días antes del 20 de Mayo un mensaje de esperanza:

> *«Una nueva era se inicia mañana. Entra este pueblo en plena posesión de sus destinos, es cuestión de honor para nuestro pueblo, no pretexto ninguno a las potencias extranjeras para que duden de nuestra capacidad gubernamental y administrativa... esperamos que arriba en el gobierno habrá moderación y que abajo en el pueblo habrá respeto... se han terminado las vísperas republicanas, mañana entraremos en el régimen cordial que nos prometió Martí...»*

De igual forma se caracteriza en ese libro al primer gabinete presidencial de la Cuba republicana. Cuando tomó posesión Tomás Estrada Palma, el país se había repuesto con gran rapidez de los que-

> El gabinete presidencial de Estrada Palma lo integraban, entre otros, representantes de los grandes terratenientes, hacendados, banqueros y algunos políticos procedentes del antiguo Partido Autonomista que, como recordarás, se habían opuesto siempre a la independencia y, en última instancia, apoyaban la anexión de Cuba a Estados Unidos.
>
> La camarilla de politiqueros que integró este primer gobierno, representaba los intereses de la oligarquía azucarera, burguesía criolla y española de las compañías norteamericanas. de los latifundistas y magnates azucareros, un Estado burgués sometido a los imperialistas yanquis.
>
> Apenas constituida la República, el imperialismo norteamericano dedicó su atención, fundamentalmente, a poner en práctica los artículos de la Enmienda Platt. A tales efectos impusieron al pueblo de Cuba varios tratados que complementaban la dominación económica y política de la Isla.

brantos de la guerra, imperaban el orden y la paz y comenzaba a desarrollarse la agricultura, la industria y el comercio en grande escala. El primer Vicepresidente de este gobierno fue **Luis Estévez y Romero**.

Estrada Palma constituyó un Consejo de Secretarios de personas distinguidas, muchos de ellos vinculados al movimiento independentista que había luchado por el derrocamiento del gobierno colonial Español y el establecimiento de la República. Como *Jefe de la Guardia Rural* designó al **General Alejandro Rodríguez**, valiente y honradísimo general del Ejército Libertador. Los Gobernadores Provinciales al constituirse la República, eran el Coronel **Luis Pérez**, el general **Emilio Núñez**, el **coronel Domingo Lecuona** y los generales **José Miguel Gómez, Lope Recio Loinaz** y **Urbano Sánchez Hechavarría**, para las provincias de *Pinar del Río, Habana, Matanzas, Santa Clara, Camagüey y Oriente* respectivamente. Al traspasarse la rama ejecutiva de los interventores norteamericanos al primer gobierno de Cuba, fueron Cubanos distinguidos los que ocuparon las secretarías del Gobierno: **Jorge Alfredo Belt Múñoz** la Secretaría de la Presidencia, **Carlos de Zaldo Beurmann,** en *Estado y Justicia*, **Eduardo Yero Beduén** en *Gobernación*, **José María García Montes** en *Hacienda*, **Emilio Terry Dorticós** en *Agricultura*, **Eduardo Yero Beduén** en *Instrucción Pública* y **Manuel Luciano Díaz Sosa** en *Obras Públicas.* El Congreso estaba formado por Senadores y Representantes de gran reputación; el Presidente del Senado era el **Dr. Domingo Méndez Capote** y el de la Cámara, el **Lic. Pelayo García**.

Inmediatamente después de Estados Unidos, las primeras naciones en reconocer el nuevo gobierno Cubano fueron **Francia**, **Inglaterra**, **Italia**, y **México.**

> Estados Unidos exigía a Cuba que se cumpliera lo allí establecido. El servil Estrada Palma, no tardó en ceder a las presiones yanquis. El 16 de febrero de 1903, la parte cubana firmó un nuevo tratado, el Tratado de Arrendamiento de Bases Navales y Carboneras; el 23 lo firmó Theodoro Roosevelt, presidente de Estados Unidos. Más tarde, se firmaron otros convenios que reglamentaban dichos arrendamientos.
>
> Inicialmente, los yanquis pidieron la concesión de dos puertos en la costa norte: Bahía Honda y Nipe, y dos en la costa sur: Guantánamo y Cienfuegos. Estados Unidos tenía mucho interés en instalar bases navales, sobre todo en la bahía de Guantánamo, que ocupaba una posición ventajosa y sería un factor que les permitiría dominar la zona del Caribe y el paso hacia el Pacífico.
>
> Las zonas para las bases quedaron reducidas a dos: Guantánamo y Bahía Honda. Un tiempo después de haber sido firmado este Tratado, Estados Unidos renunció a Bahía Honda a cambio de la ampliación de los límites de la bahía de Guantánamo.
>
> Desde 1903, el gobierno imperialista norteamericano se apoderó de esta porción del territorio cubano, para continuar una larga tradición de amenazas, agresiones, violaciones e injerencias contra la soberanía del pueblo de Cuba.

Nada más insolente que caracterizar a ese grupo de patriotas como *"una camarilla de politiqueros representando los intereses de una oligarquía burguesa sometida a los imperialistas yanquis..."*

Al comenzar la República de Cuba en 1902, la situación económica de la isla no era nada halagüeña. La guerra iniciada en 1895, a diferencia de la de 1868-1878, cubrió toda la isla y **la ruina alcanzó a todas las provincias**. La política de guerra practicada tanto por el Ejército Libertador como por el Ejército Español de Operaciones en Cuba potenciaron la devastación de los campos; a eso había que agregar la **reconcentración** de la población rural decretada en 1896 por el Capitán General Valeriano Weyler, que se mantuvo hasta el mes de Octubre de 1897. Al cesar la reconcentración se intentó poner en práctica de una tímida política de reconstrucción, pero las destrucciones anteriores y el estado en que había quedado la pequeña producción agrícola hicieron extremadamente difícil la rehabilitación agrícola.

Durante la contienda fueron destruidos **483 centrales** de un total de **574**, lo que significaba la pérdida del **84%** de las fábricas de azúcar existentes. La mayoría de los daños al sistema azucarero ocurrieron durante los dos primeros años de guerra, se concentraron en la parte centro-oriental y afectaron principalmente a los pequeños productores, mientras que los grandes centrales aunque sufrieron algunos daños no resultaron destruidos y muchos se mantuvieron produciendo a pesar de las interrupciones provocadas por la guerra.

Al final de la contienda, no fue posible una recuperación rápida debido a la **escasez** y **mala calidad** de la caña de azúcar como materia prima, debido al estado de devastación y abandono de los campos y la ruina de los colonos. A eso habría que agregar la **falta de mano de obra diestra**, la destrucción de la **infraestructura ferroviaria**, que entorpecía el traslado de lo producido, y la pérdida casi total del **ganado de tracción**, todo lo cual elevaba considerablemente los costos de producción. Situación que se tornaba grave dado el **endeudamiento** generalizado de los propietarios nativos, que se quejaban de la **carencia de créditos** para iniciar la reconstrucción.

En cuanto a los cultivos menores, la devastación fue casi general al quedar abandonadas las fincas. Si bien los grandes propietarios pudieron comenzar su recuperación gracias al crédito de la banca Norteamericana, los pequeños fundos no corrieron igual suerte. El gobierno interventor no implementó plan alguno para la rehabilitación de las pequeñas fincas, que solo recibieron ayuda en cuestiones sanitarias; las ayudas a la población campesina fueron desiguales; sólo en algunos lugares se repartieron animales o semillas y en otros solo alimentos para apaciguar la hambruna.

Siendo el azúcar el único producto de amplio mercado internacional, las inversiones Norteamericanas se concentraron en el sector azucarero; eso propició una creación y extensión de **latifundios**, la concentración de grandes extensiones de terrenos para dedicarlas al cultivo de la caña. Esta política se vio favorecida por el reducido precio de la tierra en la región centro-oriental —donde se ubicaban las localidades más devastadas por la contienda— así como la existencia en esa parte de la isla de amplios terrenos públicos que fueron extralegalmente convertidos en propiedades

> El latifundio, portador de los rasgos semifeudales que subsistían en Cuba, creció considerablemente; la casi totalidad de las riquezas naturales cayó bajo el control de empresas monopolistas extranjeras que priorizaban la producción azucarera, pues era mucho más rentable.
>
> Pero, ¿se exportaban solo capitales de Estados Unidos a Cuba?
>
> En la época que estudiamos, existían en Cuba capitales europeos; entre ellos poderosos capitales ingleses, cuyo valor se calculaba en más de doscientos millones de pesos, pero, poco a poco, fueron desplazados por el capital yanqui.
>
> En 1905 había 29 ingenios de propiedad estadounidense, cuya producción representaba el 21 % de las zafras de Cuba.
>
> En 1906 la firma yanqui Stewart Sugar Co., compró el central azucarero Stewart (actual Venezuela), en territorio camagueyano; también allí la Cuban Co. adquirió el central Jatibonico (hoy, Uruguay). En Oriente, la United Fruit Co. se adueñó del Central Preston (hoy Guatemala). R. B. Hawley, miembro del Congreso de Estados Unidos, en unión de varios de sus amigos, contaba ya hacia 1906 con dos propiedades azucareras: el central Mercedita, en la bahía de Cabañas (Pinar del Río) y el Tinguaro, en la provincia de Matanzas. Así se creó, la Cuban American Sugar Co.
>
> Las enormes cantidades de tierra que pasaron a manos de los yanquis fueron compradas a precios irrisorios; por ejemplo, una importante empresa extranjera adquirió en la provincia de Oriente cerca de 3 600 caballerías de tierra por el precio de 100 dólares por caballería.

particulares. El proceso de expansión y apropiación dio como resultado un **desplazamiento** de los Cubanos de la propiedad de tierras, sobre todo de los pequeños agricultores; la rápida recuperación agrícola convirtió a muchos antiguos pequeños propietarios en braceros de los latifundios y las nuevas grandes fábricas de azúcar.

Teniendo en cuenta que más de la mitad de la población Cubana residía en el campo, y que un elevado porcentaje de campesinos no eran propietarios, sino arrendatarios y estaban asentados en fincas pequeñas con escasos recursos, el impacto de la guerra en las áreas rurales fue considerable no sólo desde el punto de vista económico sino también social.

A la situación así descrita se unió un sentimiento de frustración entre los antiguos miembros del Ejército Libertador. Los sueños de un futuro con oportunidades se convirtieron en pesadillas, y provocaron un descontento que adquirió proporciones alarmantes en las áreas rurales, a lo cual posiblemente se achacó el fantasma del **bandolerismo**.

El período comprendido entre 1899 y 1902 fue convulso no solo desde el punto de vista económico sino también político. Los grandes debates políticos —la creación de la **Asamblea Constituyente**, la aceptación de la **Enmienda Platt** y el **Tratado de Reciprocidad**, y las **elecciones a nivel municipal y presidencial**— relegaron la agenda económica de las áreas rurales a un segundo plano. El campesinado no era un grupo homogéneo y sus problemas específicos necesitaban respuestas que no necesariamente fueron priorizadas por la clase política.

La capacidad de producción en el sector agrícola no-azucarero se vio afectada entre un **20%** y un **25%**; las pérdidas en la actividad industrial

> ## Manuel Sanguily contra el Tratado de Reciprocidad y la venta de tierras a extranjeros
>
> Aunque la mayoría de los miembros del Congreso de Cuba aceptaron el Tratado de Reciprocidad Comercial, hubo cubanos que protestaron contra la entrega de la Patria al imperialismo. Entre ellos se destacó Manuel Sanguily (fig. 6.2), que levantó su voz para alertar el peligro que este tratado representaba para nuestra nación, y la influencia que lograrían los trust y el capital estadounidense en nuestra República.
>
> Sanguily, señaló:
>
> > (...) las concesiones que se nos hacen tienen infinitamente menos valor que las que hacia ellos se nos imponen; de donde ha resultado que los Estados Unidos (...) se han subrogado a nuestra antigua metrópoli española; han reducido nuestra condición general bajo el aspecto de la hacienda y el comercio, a aquellas mismas relaciones sustanciales en que se encontraba Cuba respecto de España cuando España dominaba en Cuba; han convertido, por tanto, nuestra nación en una colonia mercantil y a los Estados Unidos en su metrópoli.[8]
>
> La escandalosa apropiación de nuestras riquezas hizo que Sanguily, en actitud patriótica y antimperialista, presentara al Senado, en 1903, un proyecto de ley en contra de la venta de tierras a los extranjeros.
>
> Sanguily señalaba los peligros de ese fenómeno, al destacar que:
>
> > (...) sin duda ninguna, el predominio social primero y seguidamente el predominio y la dirección en la esfera política, en todas partes, corresponden a los dueños y señores de la tierra.[9]

fueron mucho menores. El descenso de la producción agrícola, incluyendo lo azucarero, fue una de las mayores dificultades de la postguerra; reiniciar las siembras de caña, dada la dispersión del campesinado, era la mayor urgencia para restablecer una economía saludable. Su rápida recuperación tres años después, fue gracias a un gran impulso de **inversiones** Norteamericanas, que trajo consigo, por supuesto, un proceso de concentración y centralización de propiedades en manos no Cubanas; el desarrollo de **latifundios**, una plaga de las que Cuba tardó muchos años en recuperarse, fue inevitable y hasta cierto punto ventajosa en los primeros años de la República.

En las **páginas 190 y 191** del libro se hacen referencias equívocas a la actuación y la posición de **Manuel Sanguily Garritte** (1848-1925) ante la trayectoria de la historia de Cuba durante los primeros años de intervención.

Durante sus años juveniles Sanguily tomó partido en favor de la causa de los independentistas e intervino activamente en la Guerra de los Diez Años. A pesar de su juventud, tuvo una actuación tan destacada que acabó alcanzando el grado de Mayor General. Al término de esa guerra, desplegó una intensa actividad humanística que le convirtió en uno de los grandes animadores del panorama cultural de Cuba: fundó la revista *Hojas Literarias* (1893-1894) y como ensayista, se destacó en temas de contenido histórico como *El descubrimiento de América* (1892) y *La revolución de Cuba y las Repúblicas Americanas* (1896).

Durante el primer gobierno interventor dirigió el Instituto de Segunda Enseñanza de la Habana, donde dejó huellas por su carácter organizador y disciplinario, y en sus discípulos, la nostalgia de sus incomparables explicaciones en la Cátedra de Retórica y Poética. Convocada la Convención Constituyente, primeros indicios del advenimiento Republicano en Cuba, fue electo Delegado por la Habana.

En la Convención se erigió paladín a favor de la **Enmienda Platt**, en una renunciación altruista de principios e ideales, creyendo que sin la aceptación del Apéndice no habría República, y prefirió en sus palabras... " *...la desmembración parcial y el holocausto de atributos soberanos, a su muerte en el claustro materno por falta de fuerzas para venir a la vida."* En las actas de las sesiones aparece el siguiente texto:

> «*El señor Sanguily explicó el voto suyo afirmativo, diciendo que votaba la Enmienda porque por sus términos creía favorecer la Constitución de la República de Cuba y de la personalidad Cubana, que de otro modo desaparecerían por completo, porque entendía que la* **Enmienda Platt**, *que se aceptaba por la moción que acababa de votarse, es el complemento y pretende elevar a la realidad según terminante declaración de su preámbulo, la Joint Resolution de Abril 20 de 1898, y sobre todo, porque es una imposición de los Estados Unidos contra la cual toda resistencia seria definitivamente funesta para las aspiraciones de los Cubanos.*»[7]

En la **página 193** se vuelve a hacer énfasis en Carlos Baliño, esta vez junto a Agustín Martín Veloz, un militante del Partido Comunista de Cuba en Manzanillo, torcedor de tabaco, nacido en Salamanca, España.

Desarrollo de las ideas socialistas.
Carlos Baliño y Agustín Martín Veloz

Para que el proletariado cubano pudiera cumplir sus objetivos era necesario desarraigar esos males.

Carlos Baliño fue la figura que guió en esos momentos a lo más avanzado del proletariado cubano. Había nacido el 13 de febrero de 1848 en la villa de Guanajay, de allí emigró a Estados Unidos donde aprendió el oficio de tabaquero. Junto a Martí fundó el Partido Revolucionario Cubano, y durante la República denunció la traición a los ideales martianos.

En su activa vida de revolucionario, vinculado a la lucha por la independencia nacional, a las luchas sindicales y a las ideas socialistas, había adquirido una sólida experiencia teórica y práctica.

Estas condiciones lo convirtieron en abanderado de los sectores más conscientes de la clase obrera, y en principal impulsor de las ideas marxistas en Cuba.

Baliño es el ejemplo magnífico e insuperable del luchador honesto y digno contra todas las formas de la esclavitud humana, contra todas las injusticias.

---

[7] República de Cuba. Senado. Memoria de los Trabajos realizados durante las cuatro legislaturas y sesión extraordinaria del primer periodo Congresional 1902-1904, precedida de una mención documentada sobre los hechos históricos que dieron, como resultado definitivo, la independencia de Cuba y su establecimiento en República. (File 111. pág. 592).

Toda una serie de párrafos en las 15 siguientes páginas repiten una y otra vez falsos e injuriosos conceptos encaminados a inducir el Marxismo y un anti-Cubanismo en las mentes de los estudiantes Cubanos de las escuelas secundarias.

En la **página 195**:

*"Ya conoces que **Estrada Palma** siempre había pensado que el pueblo Cubano era incapaz de asumir la responsabilidad de un gobierno independiente y por ello consideraba que debía estar protegido por la 'gran nación del norte.' Sus equivocadas valoraciones en la realidad de su tiempo lo llevaron a considerar que nadie como él podía seguir llevando las riendas de los destinos del país..."*

En la **página 196**:

*"En el periodo que estamos estudiando ocurrió un hecho doloroso para los Cubanos, la muerte de **Máximo Gómez** (17-6-1905). Gómez fue un tenaz enemigo de la reelección de Estrada Palma; hizo serias críticas a la violencia utilizada por el 'Gabinete de Combate,' y destacó que tales méritos hacían peligrar la paz y la libertad por las que el pueblo Cubano había luchado."*

En la **página 197**:

*"La actitud traidora y sumisa de **Estrada Palma** fue altamente valorada por los Norteamericanos."*

En la **página 198**:

*"**Charles Magoon** abrió ilimitadamente las puertas a las inversiones yanquis a las que aseguraba protección. Por ejemplo, a pesar de la oposición del pueblo, concedió a empresas constructoras yanquis contratos para la realización de cloacas y pavimentación de calles que les reportaron enormes ganancias."*

En la **página 199**:

*"Los **gobiernos** corruptos y entreguistas hasta 1925... a partir de entonces se repetiría cada cuatro años una nueva farsa electoral, de las cuales nada podía esperar nuestro pueblo."*

En la **página 200**:

*"Un ejemplo de lo planteado anteriormente lo tenemos en que en 1921, de los 198 **centrales azucareros** que había en Cuba, 75 eran de propietarios Estadounidenses, y producían el 53.6% del total de azúcar del país. Esto se debía a que sus fábricas contaban con mejores técnicas, por lo que eran mucho más productivas y proporcionaban mayores ganancias."*

En la **página 202**:

*"La insurrección liberal, que se extendió por casi todo el país, al no recibir el apoyo de los yanquis, después de tres meses maniobrando para obtenerlo, se disolvió. El 20 de Mayo de 1917, **Menocal** inició un nuevo período presidencial."*

Los Cubanos no han dejado de admirar y respetar a **Don Tomás Estrada Palma**, el primer presidente de la República Cubana. Fue presidente de la República en Armas, y sufrió cárcel y exilio al caer prisionero durante la **Guerra de los Diez Años**. **Martí** lo tuvo siempre en gran consideración y lo designó su sucesor en el periódico **Patria** y en el **Partido Revolucionario Cubano**. Los Marxistas sin embargo lo han tildado de traidor, y vendepatria, lo que es un insulto a Martí. La totalidad de este libro de **Historia de Cuba** está centrada en insultar a Estrada Palma, y una de las primeras decisiones del Marxismo en Cuba fue **derribarlo** de la estatua con que Cuba lo había homenajeado con el apoyo de patriotas y veteranos. Fue posiblemente el presidente más honrado de la Cuba republicana y murió enfermo, débil y con el ánimo consumido.

En la **página 204**:

*"Bajo instrucciones del delegado yanqui, el presidente **Zayas** disolvió su gabinete de gobierno y estableció en su lugar el llamado 'Gabinete de la Honradez,' compuesto por elementos plegados al imperialismo designados por el propio [Embajador Americano] Crowder."*

En las **páginas 205** y **206**:

*"Conociendo la intención del gobierno de los Estados Unidos, el presidente Cubano, **José Miguel Gómez**, se plegó una vez más a los imperialistas, y ordenó al General en Jefe de las fuerzas armadas de Oriente:*

> Puede usted consentir que desembarquen tropas Americanas para que protejan propiedades extranjeras. Inmediatamente que fuerzas Americanas ocupen una propiedad retirará usted de ella la fuerza Cubana que dedicará a perseguir a los alzados...

Cuando la intervención armada estaba a nuestras puertas, José Miguel Gómez se apresuró a recrudecer la represión contra los sublevados y aproximadamente 3,000 negros y mulatos murieron, incluyendo sus dirigentes [Evaristo Estenoz y Pedro Ivonet]."

En la **página 208**:

*"La **crisis de 1920-1921** contribuyó a afianzar la supeditación económica de Cuba a los Estados Unidos. A través del sector bancario el imperialismo Norteamericano se adueñó de una parte considerable de las propiedades industriales azucareras de Cuba; otra parte, más pequeña, pasó a manos de compañías Inglesas. Paralelamente a este proceso, creció la expansión latifundaria, especialmente en Camagüey y Oriente."*

En la **página 209**:

*"El Congreso Nacional Obrero (CON) [celebrado los días 14 al 16 de Abril de 1920 en La Habana] votó a favor de estos planteamientos [la negativa a participar en la Conferencia Obrera Panamericana (COPA) a celebrarse en México[8]], demostrando así el sentimiento antimperialista que se acrecentaba entre los trabajadores Cubanos. El desarrollo político que iba alcanzando el proletariado Cubano también quedó demostrado en el saludo a la **Rusia Roja** aprobado en la clausura [del Congreso Nacional Obrero (CON), opuesto a la COPA]:*

> Esta Comisión [del CON] considera a la **Rusia Roja** como faro de luz, como ejemplo, guía y estímulo para las maltratadas muchedumbres obreras ansiosas de redención y justicia.

---

[8] La **Confederación Obrera Panamericana** (COPA) estaba estrechamente vinculada a la **Federación Americana del Trabajo** (AFL), fundada en 1886 y liderada por **Samuel Gompers**, que el **Congreso Nacional Obrero** (CON) acusaba de "*oportunista con una política de colaboración con la burguesía.*" El CON fue más tarde rebautizado como la **Confederación Nacional Obrera de Cuba** (CNOC) en 1925, siendo su líder el anarco-sindicalista **Alfredo López Arencibia**.

En las **páginas 211 y 212**:

"Dos décadas de neocolonia no habían originado los cambios que anhelaba el pueblo Cubano y por los que había luchado durante tantos años... Factores externos influyeron positivamente en el auge del movimiento revolucionario Cubano, entre ellos la **Revolución de Octubre**, que había triunfado en Rusia en 1917. [Ella] hizo nacer un nuevo régimen, sin explotados ni explotadores, bajo el poder político de la clase obrera... En Cuba las campañas de mentiras sobre la Revolución de Octubre y la represión sobre la clase obrera que ejercía el gobierno de turno retardaron hasta la década de 1920 las acciones que con mayor fuerza evidenciaban la influencia del ejemplo de los Comunistas rusos; no obstante hubo manifestaciones de solidaridad con el pueblo Soviético y el envío de donativos..."

En la **página 213**:

"La juventud [Cubana] dio el paso al frente. Trece jóvenes escritores, entre los que se encontraban **Juan Marinello**, **Luis Gómez Wangüemert**, y **Rubén Martínez Villena**...

[dejaron sin mencionar a los no-Comunistas: **José Antonio Fernández de Castro, Calixto Masó, Félix Lizaso, Alberto Lamar Schweyer, Francisco Ichaso, José Manuel Acosta, Primitivo Cordero Leyva, Jorge Mañach, y José Luis García Pedrosa**]...

... al conocer que iba a ofrecerse un homenaje a la escritora Paulina Luisi y que el discurso central iba a ser pronunciado por **Erasmo Regüeiros**, Secretario de Justicia... consideraron que la ocasión era propicia para hacer público el malestar que conmovía a toda Cuba... Cuando Regüeiros iba a comenzar su disertación, **Rubén Martínez Villena** se puso de pie y en forma tajante manifestó que se retiraba con sus compañeros en señal de protesta por la cobarde actitud del Ministerio de Justicia al hacerse cómplice de la sucia adquisición del **Convento de Santa Clara**. Acto seguido los trece jóvenes abandonaron la sala ante la sorpresa de los asistentes al acto..."

"A partir de ese momento, la efervescencia revolucionaria envolvió al estudiantado universitario que, liderado por **Julio Antonio Mella**, estaba decidido a transformar la Universidad de La Habana, cuyas condiciones no se diferenciaban de las existentes en [el resto de la] América Latina."

[No se hacen aquí referencias a detalles importantes de la vida de Julio Antonio Mella, cuyo verdadero nombre era **Nicanor Mc Partland y Diez**. Por pertenecer a una familia burguesa Cubana, estudio en buenos colegios como **Chandler College**, la **Academia Newton** y los **Escolapios de Guanabacoa**, de donde fue expulsado por revoltoso y desordenado. Por las mismas razones fue militante, y luego **expulsado** de los **Partidos Comunistas de Cuba** (cuando los Comunistas estaban tratando de componerse con Machado) y de **México** (por alborotador y la afición de Mella al **Trotskismo**). Su muerte fue posiblemente concertada o llevada a cabo en manos de su amante, la conocida Comunista Ítalo-Americana **Tina Modotti**, que a su vez fue expulsada de México.]

A partir de ese momento, la efervescencia revolucionaria envolvió al estudiantado universitario que, liderado por Julio Antonio Mella (fig. 6.6), estaba decidido a transformar la Universidad de La Habana, cuyas condiciones no se diferenciaban de las existentes en América Latina.

Nuestra Universidad no era más que un reflejo de los males de la República neocolonial.

La voz de Mella resonó vigorosamente.

(...) sangre son mis palabras y herida está mi alma al contemplar la Universidad como está hoy (...) Vengo a pedir las reformas de la Universidad, declarando que no habré de callarme, ni ante la coacción ni ante la amenaza, que no claudicaré, y que pondré al descubierto todas las lacras que hay en esta Universidad.

En la reunión se encontraban prestigiosos profesores que apoyaron el movimiento reformador. Se creó una comisión de alumnos y profesores para entrar a solucionar los problemas planteados.

El libro, en las **páginas 213 a 220**, insiste en destacar las figuras de **Julio Antonio Mella** y **Carlos Baliño**, como Importantes en la Historia de Cuba, a pesar de ser únicamente de importancia para la historia de los movimientos Marxistas que fueron rechazados por los Cubanos en las décadas de 1920 al 1950.

En 1923, de la Agrupación Socialista de La Habana, integrada por marxistas verdaderos como Baliño, por socialreformistas y por simpatizantes de las ideas socialistas, se separó el grupo de marxistas y se convirtió en Agrupación Comunista de La Habana, dirigida por Carlos Baliño.

Vittorio Vidali   Mella   Tina Modotti

Nicanor Mc Partland y Diez, bajo el nombre que él, de adulto, escogiera, no es otro que **Julio Antonio Mella**. Mella había entrado en contacto con el trotskismo en México, como lo demuestra su trabajo en la revista **Tren Blindado**, cuyo título es una alusión al tren blindado desde el que **León Trotsky** dirigió al Ejército Rojo durante la Guerra Civil Rusa. Eventualmente fue expulsado del Partido por revoltoso y desobediente. En el cuadro de Diego Rivera que se muestra, *El Arsenal*, aparecen varios de los personajes en la vida de Mella caricaturizados por Rivera:

La figura central es **Frida Kahlo**, quien se convirtió en la esposa de **Diego Rivera**. Frida entrega armas a los soldados revolucionarios. Al extremo izquierdo Siqueiros. A la derecha **Tina Modotti** con su amante **Julio Antonio Mella**, revolucionario Cubano que luchó contra el dictador Gerardo Machado. Unos años más tarde, Mella fue asesinado a tiros mientras caminaba por la calle del brazo de Tina. Tina fue acusada de haber contratado al asesino porque se decía que se había cansado de Mella. Fue retenida por la policía. Pero gracias a la influencia de **Diego Rivera** fue liberada. La persona con el sombrero negro que mira a Tina es **Vittorio Vidali**, un agente estalinista que se convirtió en el amante de Tina después de la muerte de Mella. Hay fuertes indicios de que él fue **el verdadero asesino de Mella**.

De igual forma se presentan párafos en las **páginas 218 a 221** que tratan de dar una categoría a la **Revolución Rusa de Octubre** y al **Primer Congreso del Partido Comunista Cubano** que no tuvieron en Cuba ni la importancia ni la permanencia que dan a entender insistentemente las autoras del libro.

> La influencia de la Revolución de Octubre, que ya hemos estudiado, tuvo una marcada resonancia en el desarrollo del movimiento huelguístico y en que se fueran fundando partidos comunistas en varios países de América. En Cuba, como parte de este conjunto, las ideas de la Revolución de Octubre, poco a poco, fueron ganando adeptos y constituyeron un golpe mortal a las ideas anarquistas que habían predominado en el movimiento obrero, las propias campañas de solidaridad con el naciente Estado soviético, se convirtieron en vehículo para difundir entre los obreros las ideas de la Revolución de Octubre.

> Ese partido surge ya con una clara concepción marxista-leninista en todas las cuestiones fundamentales (...) Es conmovedor leer las actas de aquel primer congreso, donde se trazan las líneas fundamentales de la política a seguir, se aprueba el primer estatuto y se traza un programa de lucha. Desde el primer instante adoptan esos principios, y además se disponen a trabajar arduamente entre los trabajadores, entre los campesinos, entre las mujeres, entre los jóvenes y entre los intelectuales, impulsando las organizaciones correspondientes que garantizan la más estrecha vinculación de ese partido con las masas.

> Los capitalistas yanquis, con sus dineros, poseen la tierra, las industrias, esclavizando al pueblo; y el Gobierno de Washington, con la Enmienda Platt y con el abuso de la fuerza, tienen convertida la Isla en una colonia.
>
> Su intransigencia frente al imperialismo, su combatividad, lo convirtieron en abanderado de la lucha contra nuestro principal enemigo y por la revolución social; por eso, realizó una extraordinaria contribución al desarrollo de la conciencia antimperialista de nuestro pueblo, guiando a las masas en el enfrentamiento al imperialismo, por la soberanía nacional.

> El antimperialismo, que se manifiesta en estos años, procedía de la raíz mambisa expresada en la clara voz de Martí, en los pronunciamientos de Maceo y en la indoblegable actitud sostenida por los más genuinos representantes del pueblo contra la intervención yanqui, la Enmienda Platt, la injerencia de Estados Unidos en Cuba. Esta tradición fue estimulada por la insultante presencia del imperialismo yanqui en el país durante la neocolonia y por el auge de la lucha antimperialista en América.

Y, una vez más, se mencionan calificativos típicamente Marxistas que el libro trata de introducir en el lenguaje cotidiano de los jóvenes:

Capitalistas Yanquis, la isla de Cuba convertida en una **colonia**, **conciencia antimperialista**, **intervención yanqui**, **neocolonia**, etc. Los estudiosos de la historia de Cuba coinciden en que el primer gobierno de **Gerardo Machado** fue ejemplar en sus obras y admirable en su administración. Sus logros y su ambición lo llevaron a una política llamada al fracaso en los primeros años de la República: la **reelección**.

Machado fue un general de la Guerra de Independencia de Cuba y presidente de Cuba de 1925 a 1933; ingresó a la presidencia con amplia popularidad y apoyo de los principales partidos políticos, sin embargo, su apoyo disminuyó con el tiempo. Nació en Santa Clara, Las Villas, el 28 de Septiembre de 1871, y pasó su infancia en la hacienda ganadera de su familia, asistió a escuelas privadas y a los 20 años se dedicó al cultivo y venta de tabaco. Durante la Guerra de los Diez Años de Cuba (1868-1878) contra España, el padre de Machado se había unido a los rebeldes Cubanos, alcanzando el grado de Mayor. Machado siguió los pasos de su padre, y cuando los Cubanos reanudaron la guerra en 1895, se enroló, ascendiendo al grado de **General de Brigada**.

Después de que terminó la guerra, se dedicó a la política y los negocios. Llegó a ser **Alcalde** de Santa Clara y durante la administración de José Miguel Gómez (1909-1913) fue nombrado **Inspector de las Fuerzas Armadas** y luego **Secretario de Gobernación**. Sus credenciales eran de gran nivel. Con el tiempo, se dedicó a la agricultura y los negocios y, junto a inversionistas Estadounidenses, invirtió en servicios públicos. Se hizo rico y volvió a la política a principios de la década de 1920. Obtuvo el control del **Partido Liberal** y, con su lema "Agua, caminos y escuelas", fue elegido presidente en 1924.

Como hombre de negocios, Machado supo levantar los fondos para hacer numerosas Obras Públicas de gran necesidad en Cuba. Su récord de honestidad permaneció limpio durante ese tiempo, no así su impaciencia ante las críticas, que lo condujeron a un segundo término marcado por la violencia oficial y los escarmientos con que trato de silenciar a sus opositores.

> Para llevar a cabo dicho plan, se pusieron en vigor nuevos impuestos, a la población y más concesiones al capital yanqui. El financiamiento de las obras fue encomendado al Chase National Bank of New York y en 1930 el monto total de la deuda ascendió a $10 000 000.
>
> El plan de obras públicas proporcionó grandes ganancias a los funcionarios del gobierno y sus allegados, y constituyó una fuente de malversación. Se calcula que el gobierno dilapidó no menos de 22 500 000 pesos entre empréstitos, financiamientos, fondos especiales, etc. Las obras de la carretera central dejaron $50 000 000 en ganancias, pues si bien el costo real fue de $40 000, la milla, oficialmente se le había calculado $120 000.

Esos excesos hicieron de su gobierno uno de los más sádicos y tenebrosos de los primeros años de la república y crearon un precedente que dio al traste con los adelantos que estaba llevando a cabo la joven Cuba.

Una fracción que se presenta en la **página 223** del libro se incluye aquí.

Se radicó causa contra los más destacados líderes de la época: Mella, Carlos Baliño, Alfredo López, acusados de incitar a obreros y campesinos a derribar el gobierno.

Pero esto no bastaba, la violencia se imponía más y más. El conocimiento de algunos de los crímenes cometidos durante el gobierno de Machado, pueden ejemplificarte esta situación:

Armando André, periodista opositor, cae balaceado en agosto de 1925.

Enrique Varona, líder ferroviario de Camagüey, es asesinado en presencia de su familia en septiembre de 1925.

José Cuxart, obrero fabril, es asesinado en La Cabaña, en octubre de 1925, con el pretexto de que había intentado fugarse.

Alfredo López, destacado dirigente sindical, también es víctima del régimen en mayo de 1926.

El recuadro presenta un párrafo que se encuentra en la **página 224** del libro:

En sus años de segundo gobierno Machado se enfrentó a una oposición cada vez más encarnizada y violenta, en muchos sentidos impulsada por los Comunistas que estaban alertas para aprovecharse de las situaciones que pudiera. Eso no excusa, pero si explica como un militar de grado, que sirvió a la independencia de Cuba con las armas, pudiera llegar a los niveles de intimidación y terror a que llegó.

Mella y **Baliño** eran conocidos como Marxistas y radicales de izquierda que debían su relativa popularidad a actos sorpresivos de intimidación y provocación.

Alfredo López Arencibia era un anarquista Cubano, antiautoritario y furiosamente anticapitalista. Entre sus proposiciones de lucha para la clase obrera estaban:

Oposición al "*sistema salarial opresor del pueblo.*"
No reconocer lo que otros consideraban la "*normalidad.*"
Rechazo del "*consumerismo y la depredación ecológica.*"
Clausura de las organizaciones que "*... distribuyen productos al pueblo y su conversión a cooperativas de consumidores.*"
La única "*plena legitimidad es el socialismo libertario.*"
Prohibición de "*observación o prisión por simple peligrosidad.*"

Al igual que **Alfredo López,** el libro hace referencia al protagonismo de anarco-sindicalistas de segundo orden como fueron: **Armando André Alvarado**, originalmente ciudadano Americano nacido en Cayo Hueso, que fue notable como el terrorista que depositó una bomba en el Palacio de los Capitanes Generales en tiempos de Valeriano Weyler. **Enrique Varona González**, huelguista, propagandista Comunista, acusado en más de una ocasión como terrorista, al igual que Mella, su nombre fue dado a un central azucarero cerca de Morón expropiado por los Comunistas. **José Cuxart Falcón**, involucrado en un complot para asesinar a agentes del gobierno de Machado, muerto al tratar de escapar de presidio.

El libro califica de *facistoide, elitista, y cripto-imperialista* a la organización conocida como el **ABC**, que combatió ferozmente a la dictadura de Machado desde las filas de la derecha, contando con Cubanos de intachable reputación como **Joaquín Martínez Sáenz**, **Francisco Ichaso**, y **Jorge Mañach**.

> Luego de este fracaso, se constituyó el ABC, con los elementos más reaccionarios que se oponían al régimen. El ABC era una organización celular, secreta y de características facistoides.

Las dos fotocopias que se adjuntan están en la **página 225** el libro.

Dada la fama de revoltoso y agitador que llevó a **Julio Antonio Mella** a ser expulsado de los colegios a los que asistió en la Segunda Enseñanza, del propio Partido Comunista Cubano y del Partido Comunista Mexicano, donde estuvo como exiliado por algún tiempo, no fue raro que muriera a manos de agentes dirigidos por el **Comintern Ruso** a manos de Vittorio Vidali, que en el mundo Soviético fue también conocido como **Enea Sormenti**, **Jacobo Hurwitz Zender**, **Carlos Contreras**, y el **"Comandante Carlos."** Muchos analistas y críticos políticos han sugerido que el mural *"En la Armería,"* de Diego Rivera es evidencia de la participación de Vidali y el propio Rivera en el asesinato de Mella.

El Comunismo Cubano ha hecho un ídolo de Julio Antonio Mella, no así los estudiantes Universitarios ni el pueblo en general. Las cenizas de Mella han tenido que ser custodiadas por décadas desde que salieron del crematorio mexicano.

> Por todas esas razones, la existencia de Mella preocupaba grandemente al imperialismo y sus lacayos; por eso fue asesinado el 10 de enero de 1929. Con su caída, el movimiento revolucionario latinoamericano sufrió una sensible pérdida.

Veinte años más tarde un grupo de jóvenes de la **Federación Estudiantil Universitaria (FEU)** develaron un busto de Mella en la plazoleta al pie de la escalinata de 88 peldaños que es la entrada principal de la Universidad, pero este fue manchado con **chapapote** al cabo de unos días. Unos meses después, su busto fue colocado en el centro de la Manzana de Gómez, donde existía un Politécnico que llevaba su nombre. Tan solo una semana transcurrió, cuando un grupo de estudiantes del

Instituto de La Habana **deshizo el busto a martillazos**. Recientemente, muchos años después, ahora en pleno gobierno Comunista en Cuba (que mantiene a Mella como uno de los grandes y virtuosos fundadores del Partido), las redes sociales han publicado la foto de un agente del orden, miembro de la **Policía Nacional Revolucionaria**, que decidió orinar detrás del Memorial que desde 1976 guarda las cenizas del fundador del PCC.

Un tratamiento muy similar se ofrece en el libro de Historia de Cuba a **Rubén Martínez Villena (1899-1934)**. El recuadro que se acompaña es de la **página 228**.

De él puede decirse que fue un *"eterno descontento."* Desde muy joven le dio por vincularse, en cierto modo precipitadamente, a la *"lucha contra la corrupción y el entreguismo de todos los gobiernos republicanos de Cuba."* Fue parte de la **Protesta de los Trece** y uno de los fundadores del **Grupo Minorista** [9] ; estuvo vinculado al Movimiento de Veteranos y Patriotas contra el gobierno de Alfredo Zayas y desde el ascenso al poder del general Gerardo Machado en 1925 lo combatió vehementemente.

> Ese día se efectuó un gran mitin de masas en el Centro Obrero.
>
> (...) Había un lleno desbordante, a despecho del férreo cordón policíaco (...) A eso de las nueve, apareció de repente Rubén (...) Su figura pálida y vibrante, iluminada y consumida por una fiebre de 39, centró la mirada anhelante de todos (...) Recuerdo sus primeras palabras (...) Decían que no habría huelga y hay huelga. Decían que yo no hablaría y estoy hablando (...)[41]
>
> La huelga de marzo de 1930 duró 24 horas. El Partido Comunista se cubrió de gloria. Más de 200 000 trabajadores detuvieron sus labores. En la ciudad de La Habana y en Manzanillo, la paralización coró caracteres de ciudades muertas.

Nativo de Alquízar, al suroeste de La Habana, fue el primer hijo varón de María de los Dolores de Villena, de corte aristocrático y refinado, y Luciano Agustín Martínez Echemendía, maestro de escuela, luego Decano de las Facultades de Educación, Filosofía y Letras de la Universidad de La Habana y *Secretario de Educación* en 1935; una familia completamente pequeñoburguesa.

Trabajó en el **Bufete** del sabio y antropólogo cubano **Fernando Ortiz**. Con esas credenciales, es raro que fuera revolucionario y antiimperialista, y amigo de revoltosos políticos tradicionales como **Pablo de la Torriente Brau, Julio Antonio Mella** y **Emilio Roig de Leuchsenring**. Su fama de *descontento* surgió por la multitud de agendas que perseguía: revi-

---

[9] El **Grupo Minorista** agrupaba a creadores de las ciencias sociales, artistas, literatos, músicos y a creadores en general, siempre a favor de las *"causas nobles,"* aunque varios integrantes postulaban tendencias políticas que luego no fueron compartidas por la mayoría. Así profesaban desde la definición **antiimperialista**, la defensa de los **valores nacionales de la cultura**, el rechazo a las **dictaduras**, y la *"preocupación por obreros y campesinos."* El manifiesto de Grupo Minorista, fue dado a conocer el 6 de Mayo de 1927.

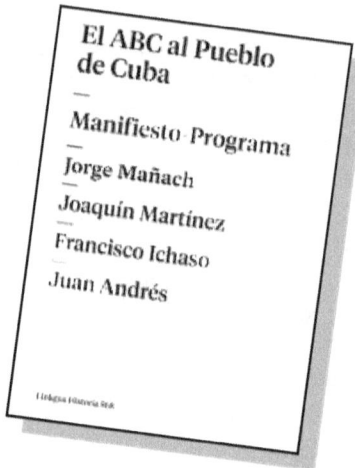

El Partido ABC en los años 1930s

El **ABC** fue fundado en 1931, en oposición al gobierno de **Machado**; estaba compuesto por una sistema de células clandestinas, en la cual cada miembro debía supervisar otra célula del siguiente nivel. La primera célula fue nombrada A; la siguiente B; luego C, etc. El **ABC** se hizo prominente rápidamente diseminando propaganda. El grupo inicial se había estado reuniendo durante un año en la oficina del **Dr. Juan Andrés Lliteras**. El miembro más destacado fue **Joaquín Martínez Sáenz**. Pronto fueron invitados a unirse **Jorge Mañach** y **Francisco Ichaso**. La membresía del grupo era predominantemente de clase media, incluyendo estudiantes y profesionales. Las células tenían aproximadamente 7 miembros, que sólo conocían a su líder y a la célula inferior. El sistema alfabético de células le dio su nombre a la organización.

El **ABC** continuó existiendo como partido político, pero fue perdiendo influencia rápidamente. Participó en la **Asamblea Constituyente** del 1940, junto a otros varios partidos de la época. Se disolvió finalmente en 1952, tras el Golpe de Estado de Batista.

sión de valores falsos, pro arte vernáculo, divulgación de todas las doctrinas, teóricas y prácticas artísticas y científicas, reforma de la enseñanza pública, contra sistemas de oposición a las cátedras, autonomía universitaria, independencia económica de Cuba, y contra el imperialismo yanqui, contra todas las dictaduras políticas universales, contra los desafueros de la pseudodemocracia, contra la farsa del sufragio, en pro del mejoramiento de agricultores, colonos y obreros, y por la participación efectiva del pueblo en el gobierno, y la cordialidad y la unión latinoamericana.

Los capítulos VI y VII del libro se destacan por la pobre presentación y deshonesta evaluación de hechos históricos relevantes, y el excesivo uso de términos peyorativos encaminados a fijarlos en las mentes de los jóvenes de las escuelas secundaria Cubanas.

En la **página 237** del Capítulo VI se lee:

"Carlos Mendieta, como nuevo presidente, no pasó de ser un pelele de Batista, que a su vez lo era de Caffery." [**Jefferson Thomas Caffery**, un diplomático Americano asignado a Cuba].

"En medio de la convulsa situación que atravesaba el país, los comunistas, aun en la clandestinidad, realizaban grandes esfuerzos por aglutinar a todas las fuerzas democráticas para enfrentar a sus enemigos de clase." [**¿Comunistas aglutinando fuerzas democráticas?**]

> Una cuestión resultaba evidente para el imperialismo yanqui: Machado no podía continuar en el poder.
>
> Si bien el tirano había contado con todo el apoyo de Estados Unidos, la crítica situación que existía en Cuba y el cambio de política de Estados Unidos, con la llegada al poder de Franklin D. Roosevelt, motivaron que el imperialismo diera a Cuba un tratamiento especial. En medio de esta situación fue enviado al país un nuevo embajador yanqui: Benjamín Summer Welles.

"En dicho Congreso... [IV Congreso de la Confederación Nacional Obrera de Cuba (CNOC), Enero de 1934]... *se tomaron acuerdos de gran importancia para la lucha del proletariado Cubano, como el reconocimiento del Partido Comunista como organización orientadora de vanguardia."*

En la **página 238**:

"Las diversas organizaciones revolucionarias que existían en Cuba en esos años como la Liga Juvenil Comunista, la Liga de Pioneros, la Liga Antimperialista, el Ala Izquierda Estudiantil y la CNOC, eran orientadas políticamente por el Partido Comunista..." [en realidad eran **máscaras** con que se disfrazaba el Comunismo.]

En la **página 239**:

"¡Proletarios! ¡Ocupad en las filas del glorioso y heroico Partido Comunista de Cuba, campeón de las luchas de todos los oprimidos y explotados y de la liberación nacional, el puesto que deja vacío el valiente y esforzado camarada Rubén Martínez Villena! ¡Apretad las filas contra el terror, el imperialismo, y el nuevo gobierno, y por la realización antimperialista!"

[**Martínez Villena**, muy enfermo por años, murió de tuberculosis en el sanatorio La Esperanza el 16 de Enero de 1934].

En la **página 240**:

"La huelga había sido ahogada en sangre, y su derrota, como previsoramente alertaron el Partido Comunista y Guiteras, fue también la derrota del movimiento revolucionario de esos años... Se evidenció la toma de conciencia imperialista de nuestro pueblo, el salto de calidad política del movimiento obrero y el papel de director que jugaba el Partido Comunista." [La realidad fue distinta: El Partido Comunista **se abstuvo** de unir sus cuadros al llamamiento de huelga de los estudiantes de la Universidad de la Habana para que sus enemigos no-Comunistas fueran **destrozados**, y así sucedió.]

> La mediación de Summer Welles se propuso garantizar la sustitución de Machado por otro servidor imperialista; sin embargo, el 12 de agosto de 1933 la dictadura se desplomaba, no como consecuencia de la mediación, sino de la acción revolucionaria de las masas. Demuéstralo.
>
> Al producirse la caída de Machado por el empuje del movimiento popular, se hizo cargo de la presidencia de la República Carlos Manuel de Céspedes (hijo). Esta decisión era resultado de las conversaciones sostenidas por el embajador norteamericano Welles con los altos mandos militares. Un nuevo títere llegaba al poder, mientras los barcos de guerra de la marina de Estados Unidos anclaban en el puerto habanero para intimidar a la clase obrera.

En la **página 243** del Capítulo VII:

"Durante el período de 1934 a 1952, el imperialismo perfeccionó sus mecanismos de penetración y dominio en Cuba, haciendo más profunda la estructura neocolonial de Cuba..." [En realidad fue un período de inversiones extranjeras muy beneficiosas, entre ellas, la **Planta de la Nicaro** a mediados de los 1940s, que contribuyó al desarrollo de nuevos bienes de exportación no tradicionales. En esos años, Cuba disfrutó del desarrollo de instituciones internacionales de cooperación financiera y comercial, y servicios financieros, como los de **bancos extranjeros** (Chase National

> En aquel mes de septiembre se produjo un poderoso ascenso en el movimiento antimperialista del pueblo cubano. En diversas poblaciones del país, se desarrollaban actos de protesta contra el injerencismo yanqui y la presencia de buques de guerra en los puertos cubanos. La policía desataba la violencia frente a estas acciones revolucionarias
>
> Ante estas medidas comenzó a actuar la maquinaria imperialista, en alianza con los sectores burgueses reaccionarios de dentro y fuera del gobierno. Guiteras tuvo que librar serias discusiones para hacer prevalecer sus criterios; algunas leyes que promulgó fueron firmadas solo por él. Los elementos reformistas trataban de presionarlo para que no tomara medidas tan radicales, alegando que:
>
> (...) de este modo no nos reconocerán nunca los americanos (...) los americanos desembarcarán, 'cerrarán sus puertas a nuestro azúcar (...)
>
> Mientras, Batista y hasta el propio presidente Grau buscaban congraciarse con el embajador yanqui, Guiteras era más firme en su postura antimperialista

Bank of New York, First National Bank of Boston, Royal Bank of Canada, y First National City Bank of New York), convertidos en las instituciones rectoras del sistema financiero en Cuba.]

"Eso fue posible porque las fuerzas armadas de Cuba, dirigidas por Batista, aumentadas en número, y dotadas por el gobierno de Roosevelt de armamento moderno, se encargaron, a partir de entonces, de las tareas que habían realizado con anterioridad los soldados yanquis en sus frecuentes intervenciones..." [No hubo tales frecuentes intervenciones con soldados yanquis, ni Batista las remplazó.]

"Los gobiernos que sucedieron a Machado se dedicaron a reorganizar la economía nacional, favoreciendo los intereses del imperialismo Norteamericano, la oligarquía azucarera y los restantes sectores criollos aliados a Washington." [no se mencionan la creación del **Banco Nacional de Cuba**, como banco central de emisión y redescuento, ni la fundación del **Banco de Fomento Agrícola e Industrial de Cuba (BANFAIC)**, dos pilares económicos de enorme importancia para la estabilidad y progreso económico de Cuba.]

En la **página 244**:

"Desde el punto de vista económico los tratados, las inversiones y los empréstitos garantizaban la dependencia de Cuba a Estados Unidos..." [Fueron siempre y son ahora los elementos indispensables para tener en cualquier país desarrollado **una economía funcional**, como ha ocurrido en el mundo democrático desde que Adam Smith, el economista Escocés más famoso de la historia, **precursor del libre mercado**, escribió **La Riqueza de las Naciones**.]

En la **página 245**:

"Varias empresas yanquis, que tradicionalmente vendían sus productos a Cuba, instalaron fábricas en el país para aprovecharse de que los salarios eran menores en la isla que en los Estados Unidos." [Este párrafo en el libro es uno de los disparates económicos que revelan la **malsana intención y la ignorancia** de las autoras. La apertura de una fábrica en un país para sustituir la importación de un producto es más beneficioso para el país que recibe la fábrica —creando empleos— que el país que crea la fábrica —para lo cual se necesita invertir capital y tomar riesgos.]

*"Muchas de estas inversiones, convirtieron a empresas Cubanas como **Bacardí, Hatuey, Crusellas y Cía**, y otras, que habían sido independientes hasta entonces, en simples sucursales de compañías yanquis."* [Falso, las tres que se ofrecen de ejemplos siguieron siendo empresas Cubanas en un 100% hasta que fueron **nacionalizadas** (arrebatadas a sus accionistas Cubanos) por el gobierno Comunista en 1959.]

El surgimiento del Partido Comunista de Cuba, como en el resto de América Latina, tuvo una fuerte influencia **anarco-sindicalista**. Surgió, según la historia que ellos fabricaron, a partir de la unión de dos generaciones de revolucionarios representados en las figuras de **Carlos Baliño** y **Julio Antonio Mella**. Una de las grandes falsedades de la historia del Partido fue ser...

«...una continuación lógica del proceso emancipador iniciado por los patriotas Cubanos en el siglo XIX, fortalecida por el profundo problema que debían enfrentar las masas trabajadoras de la ciudad y del campo, a consecuencia de la explotación capitalista y del control económico y político de Estados Unidos sobre Cuba...»

Al seguir fielmente las directrices de organismos como la **Internacional Comunista** primero, luego la **Cominform**, más tarde las orientaciones del **Partido Comunista de la Unión Soviética (PCUS)** y en no pocos momentos por el **Partido Comunista de los Estados Unidos (PCEU)**, el Partido Comunista Cubano adoptó posiciones dogmáticas, que en muchas ocasiones no tenían en cuenta las realidades, ni las condiciones específicas de Cuba. Eso trajo consigo serios costos políticos y la **pérdida de credibilidad** ante las masas obreras y populares. A todo lo largo de su historia, los Comunistas Cubanos, tuvieron una falta de visión objetiva sobre los límites de la *"colaboración."*

La identificación del Partido Comunista de Cuba con la **Internacional Comunista** se estableció cuando se estaba incubando el modelo **Estalinista** en la Unión Soviética.

En Cuba, por ejemplo, **Blas Roca** (entonces líder popular de los Comunistas Cubanos) convocó al **VI Pleno del Comité Central del Partido Comunista** en Octubre de 1935, para decidir *"cómo aplicar en Cuba"* las decisiones y estrategias del **VII Congreso de la Internacional Comunista** en Agosto de ese año que eran: *"lanzar una más fuerte guerra imperialista, debido al auge que había alcanzado el fascismo..."* algo importante para los Rusos, pero incoherente para los Cubanos.

La verdadera necesidad del Partido era la unidad de la clase obrera, la influencia en la próxima Constitución Cubana, la autonomía Universitaria, la libertad de los presos, el regreso de los exiliados, y el establecimiento de alianzas políticas. En nada de eso se entusiasmó Blas Roca.

El Partido sin embargo... *"... encontró cambios sensibles en la actitud de Batista, que ha dejado de ser el centro de las fuerzas reaccionarias y se ha convertido en un progresista."* Al mismo tiempo sintió simpatía por los Auténticos y los Apristas, y por la actitud de Roosevelt contra el fascismo. Se decidió entones la colaboración sin exclusiones. El Partido buscó y alcanzó la legitimación legal que le permitiera participar en elecciones en Cuba, eligió seis delegados a la Constituyente, apoyó a Batista imponiendo el Servicio Militar Obligatorio, y abogó por un gabinete Cubano de unidad nacional. En otras palabras... BATISTA **Sovietizado** y los COMUNISTAS convertidos en **Oligarcas**.

Mientras tanto, hasta los altos mandos del Comunismo Cubano criticaban las nuevas inquietudes del Partido, como se plantea en la **página 247** del libro:

"... Junto al agravamiento de la situación económica de la neocolonia, se agudizaron los problemas sociales. El desempleo aumentó aceleradamente, con un tercio de la fuerza laboral sin trabajo.... El 90% de los niños del campo está devorado de parásitos que se filtran desde la tierra

por las uñas y los pies descalzos... Y cuando un padre de familia trabaja cuatro meses al año, ¿con qué puede comprar ropas y medicinas para sus hijos? Crecerán raquíticos; a los 30 años no tendrán ni una pieza sana en la boca..." [Palabras textuales de Fidel Castro Ruz en La Historia me Absolverá," publicada por Moncada, Editora Política, en 1964, páginas 87-88]

Los culpables, como falsamente presenta el libro en la **página 248**, fueron identificados por las autoras:

"... la situación política Cubana, como la económica, reflejaba la enorme dependencia del imperialismo yanqui, así como que la democracia burguesa, burlada o respetada, solo respondía a los intereses de la camarilla gobernante y a sus amos extranjeros..."

En la **página 151** del libro, las autoras tratan de encumbrar la actuación de los seis delegados del Parido Comunista en la Asamblea Constituyente de 1940...

"A la gestión de los delegados Comunistas se debió que en la Constitución aprobada se incluyeran una serie de disposiciones favorables al pueblo en general, que defendía sus justas aspiraciones. Al respecto el compañero Carlos Rafael Rodríguez, señaló..." [en palabras de **Julio Le Riverend**, Historia del Movimiento Obrero Cubano, tomo 5, página 33.]

"... Aislados y escasos, los Marxistas-Leninistas —Blas Roca, Juan Marinello, Salvador García Agüero, Romárico Cordero, César Vidal, Salvador García Agüero, y Esperanza Sánchez Mastrapa— dieron batallas que contribuyeron a que la Constitución de 1940 tuviera aspectos genuinamente progresistas, dentro de sus consabidas restricciones históricas, y sirviera años más tarde, en la lucha contra la tiranía Batistiana..."

> [A lo cual, si hubieran tenido las autoras un cierto sentido de honradez histórica, debieron añadir... *"no sin antes pactar electoralmente con Batista."* En la elección de delegados a la Asamblea Constituyente del 40, los **Comunistas** fueron el tercero de tres grupos de la coalición bajo el liderazgo de Fulgencio Batista, siendo los primeros el **Partido Liberal** y el **Partido Unión Nacionalista**, por lo que decidieron integrarse al bloque minoritario de la Asamblea. El bloque mayoritario (con 110,944 votos) estaba conformado por **Auténticos**, **Menocalistas**, **Acción Republicana**, **ABC**, y el **Partido Agrario Nacional**, que superaron a los 97,944 votos que recibieron los minoritarios.]

Los Constituyentes de 1940 incluían obreros, campesinos e intelectuales de clase media, negros, mulatos, blancos y mujeres. Fueron más que suficiente para destacar la defensa de la educación, la proscripción del latifundio, la equidad salarial, la jornada de ocho horas, la protección a la maternidad, el rechazo a la discriminación racial y la ampliación de las libertades sindicales. Los Comunistas se destacaron más que nada en los artículos relacionados con derechos individuales, la división de poderes, los elementos semiparlamentarios del régimen político, y la introducción de mecanismos de democracia directa como los referendos.

El Movimiento Comunista en Cuba, tras la **III Conferencia de los Partidos Comunistas Latinoamericanos** en 1934, inició el cambio de

Foto de Márquez Sterling recibiendo la pluma que lo reconocía como Presidente de la Asamblea después de la renuncia de Grau San Martín a ese puesto.

Los Constituyentes menos condicionados pero con más experiencia política en 1940, enmendaron algunos defectos de la Constitución de 1901. Dados los cambios sustanciales que introdujeron en el sistema político y social, instituyeron **una nueva república**, ahora de carácter **social-demócrata**. Buscando un mayor equilibrio entre los poderes del Estado, establecieron un modelo semiparlamentario, definieron los derechos que buscaban garantizar, y también tomaron en cuenta los derechos sociales. Fue una **Carta Magna bien lograda** con una inclinación social. Esto hay que reconocerlo, aunque es cierto que los actores de la República no fueron capaces de desarrollar y promulgar todas las leyes complementarias que la Constitución necesitaba para cobrar vida, ni lograron la necesaria moralidad en el desempeño de las instituciones que, bajo su mandato, estaban eligiendo como sus gobernantes.

Cuba hacia la política de los **Frentes Populares**. Los directivos de la **Internacional Comunista** no concurrieron con esa estrategia y el rol que le habían atribuido, según expuso radicalmente el **VII Congreso de la Comintern**. Las resistencia abierta y poco reservada de los líderes Comunistas Cubanos contradijeron la nueva línea de la **Internacional**. En la **página 253** del libro se lee lo siguiente:

*"En Cuba, la lucha antifascista cobró auge y el proletariado respondió sin demora al llamado del Partido de construir **Frentes Populares**. En las provincias y municipios se crearon centenares de Comités de Ayuda para enviar azúcar, tabaco, jabón, cueros a las zonas de guerra Europea. El 1º de Enero de 1942, Cuba declaró la guerra al bloque fascista cuando los Estados Unidos lo hicieron."* [...como consecuencia del ataque a Pearl Harbor... El libro no hace mención alguna del enfriamiento del Comunismo Cubano con la Madre Rusia.]

En la **página 255** se lee:

*"Los **Auténticos**, que en su plataforma inicial habían establecido planteamientos de carácter antimperialistas, comenzaron a hacer gala de su **anticomunismo** e hicieron compromisos que cada vez mellaban más el 'filo progresista' que habían aprobado por iniciativa de **Guiteras** y no de **Grau San Martín**. Ninguna de las promesas hechas al pueblo durante las campañas electorales fueron cumplidas. El panorama político y social de la neocolonia estuvo caracterizado por una generalización de la corrupción político-administrativa."*

[Los gobiernos de Grau y Prío no debieron su aceptación popular y su triunfo electoral a **Antonio Guiteras Holmes**. Este creía en el papel económico del Estado, en sintonía con las tesis **Keynesianas** y de la **London School of Economics**, apoyando leyes contra el **latifundio**, en pro del **sufragio universal**, **directo y secreto**, para **hombres y mujeres** mayores de veintiún años, la **autonomía del poder judicial** y de la **educación universitaria**, pero **nunca** proclamó un convencimiento de tipo Marxista-Leninista, como lo demuestran las bases de su organización base, la **Joven Cuba,** de corriente Socialista, pero no Comunista; **Guiteras** fue pronto ignorado por la historiografía Marxista-Leninista, y resucitado en falsas diatribas como las del libro Historia de Cuba que analizamos.

En Guiteras, los Cubanos encontraron el punto de intersección de todas las corrientes políticas del momento: los **Comunistas** partidarios de la línea soviética, los **Socialistas** antiestalinistas de tendencia **Anarquista** o **Trotskista**, los **nacionalistas** revolucionarios de izquierda, de centro y de derecha, los **populistas** cercanos a las posiciones del APRA y los **liberales y conservadores** de las primeras décadas republicanas.

Los líderes políticos Cubanos incluían miembros de los viejos partidos Conservador y Liberal, como **Mario García Menocal, Miguel Mariano Gómez, Carlos Mendieta Montefur, y Roberto Méndez Peñate**, militantes comunistas como **Rubén Martínez Villena**, líderes universitarios como **Ramón Grau San Martín, Carlos Prío Socarrás** o **Eduardo Chi-

bás, periodistas como **Sergio Carbó**, e intelectuales como **Joaquín Martínez Sáenz, Jorge Mañach,** y **Francisco Ichaso.**

En la **página 257** aparecen los siguientes dos comentarios:

*"Los imperialistas Estadounidenses y la Oligarquía Cubana ejercieron gran presión para eliminar el pago del diferencial azucarero[10] que había conseguido **Jesús Menéndez**, entonces el líder del sindicato azucarero.[11] Grau terminó suspendiendo esa medida... y la oligarquía reaccionaria, que ostentaba el poder, comenzó a planear su asesinato..."*

*"Ante el terror de que sus intereses se vieran afectados, la empresa latifundista Manatí Sugar Company, determinó el asesinato de líder campesino **Sabino Pupo Milián**."* [12]

---

[10] La venta de azúcar Cubana a los Estados Unidos se hacía sobre la base de una cierta cantidad acordada (toneladas) a un precio prefijado. Los salarios de los obreros dependían de ese acuerdo. Si había un mayor precio por el azúcar, los salarios debían ajustarse por ese "**diferencial azucarero.**"

[11] En 1938, el partido Comunista fue legalizado y posteriormente se le permitió presentarse a las elecciones. **Jesús Menéndez** fue elegido en una boleta Comunista como Representante del Congreso en 1942. Durante la Segunda Guerra Mundial, **Batista**, que había sido elegido en 1940, nombró a dos miembros del partido Comunista para su gabinete y la **Federación Nacional de Trabajadores Azucareros (FNTA)**, bajo el liderazgo de Jesús Menéndez, hizo uso efectivo de la creciente necesidad de los Estados Unidos de importar azúcar, para mejorar la posición económica de los trabajadores azucareros: US$ 300 millones de dólares entre 1941 y 1947, vacaciones pagadas y la creación de un fondo de jubilación fue el resultado de sus gestiones. Unos años después, como ministro de Trabajo, **Carlos Prío**, logró dividir la **Confederación de Trabajadores de Cuba (CTC)** en dos facciones, pro y anticomunista, durante la zafra de 1947, de las cuales la anticomunista CTC recibió reconocimiento oficial y derechos de negociación. Algunas federaciones obreras (estibadores, tabacaleros y azucareros) tuvieron que utilizar a la Policía Nacional para evitar la violencia de los **gánsteres**. Uno de los asesinados fue **Jesús Menéndez**, quien recibió un disparo en la espalda por el Capitán **Joaquín Casillas** en la Estación de Trenes de Matanzas.

[12] En 1943, **Sabino Pupo Milián,** un campesino de clase pobre, *llegó* a Camagüey, levantando su hogar en tierras realengas en *Camalote*, lugar donde tuvo que enfrentar las presiones de los terratenientes que trataron de obligarlo al **pago de renta** por el terreno que ocupaba sin poseerlo legalmente. A causa de este hecho sus amigos agricultores realizaron una protesta, bajo el argumento de que dichas tierras pertenecían al Estado y por tanto no se encontraban en la obligación de realizar un pago para su labrado. Más tarde, Sabino se vinculó a la asociación campesina "*Álvaro Reynoso*" constituida en la zona donde vivía, y años después, marchó al sur en búsqueda de tierras más fértiles, arrastrando consigo a varias familias campesinas amigas. Se instaló en un nuevo asentamiento, pensando que era un *realengo* [que pertenece al Estado], sin saber que era un terreno de interés o propiedad de la compañía Estadounidense **Manatí Sugar Company**. A raíz del asentamiento de Pupo y sus compañeros en el sitio, la compañía comenzó una serie de presiones para lograr que los campesinos abandonaran el lugar y rápidamente se organizó una oposición por parte de los asentados, organizados y liderados por Pupo Milián para evitar el desalojo. Nunca se acusó a la compañía de haber asesinado a ninguno de los intrusos.

Tras la división de la CTC en dos facciones, una Comunista y otra democrática, el V Congreso Obrero Nacional, reunido el 9 de Mayo de 1947, contó con la presencia de los sindicatos controlados por los Comunistas, y sus acuerdos fueron ignorados por el Ministerio del Trabajo, que convocó un nuevo congreso. En las **páginas 258 y 259** del libro se comentan los eventos diciendo:

"... la CTC quedó en manos de **dirigentes traidores** a los intereses de la clase obrera... estuvo acompañada de fuertes **represalias** contra los obreros y sus dirigentes, principalmente los miembros del Partido Socialista Popular... **despidos, atropellos y asaltos** a los sindicatos... a partir de ese momento el edificio de los trabajadores estuvo ocupado por individuos **corruptos y gansteriles** como **Ángel Cofiño** y **Eusebio Mujal**, quienes se hacían pasar como representantes de los obreros Cubanos... que solo pensaban en **enriquecerse** a costa del sudor y sangre de los trabajadores... una de las denuncias más contundentes de esa situación la realizó el joven abogado **Fidel Castro** ante el Tribunal de Cuentas el 6 de Marzo de 1952... [fue] una ofensiva general de los imperialistas y las oligarquías... los gobernantes Cubanos del período, fieles servidores de los imperialistas, la cumplieron al pie de la letra..."

La verdadera biografía de Fidel Castro revela que los dos eventos importantes de su vida en 1948 fueron su matrimonio civil y religioso con una estudiante de la clase burguesa, **Myrta Díaz Balart**, en Banes, Oriente, seguido de una luna de miel en New York, y su recorrido por Bogotá (y su participación en el Bogotazo)[13], Caracas, y Panamá, organizando un **Congreso de Estudiantes Latinoamericanos**.

La luna de miel fue la primera visita de Castro a Estados Unidos, y se enamoró de Nueva York de inmediato. Le fascinaba el metro, los rascacielos, el tamaño de los filetes y el hecho de que, a pesar del rabioso anticomunismo de los Estados Unidos durante la Guerra Fría, podía encontrar **Das Kapital**, la proclama anticapitalista de **Karl Marx**, en cualquier librería. Castro y su seductora esposa burguesa, Mirta, vivieron durante tres meses en un lujoso edificio de apartamentos, que aún se encuentra frente a una Iglesia Ortodoxa Ucraniana, cerca de bares llenos de estudiantes de la Universidad de Columbia. No existe evidencia alguna de la supuesta denuncia de Castro ante el Tribunal de Cuentas en Marzo de 1952. Castro fue conocido como revoltoso en la Universidad de La Habana, pero su imagen revolucionaria no ocurrió hasta el asalto criminal al Moncada.

---

[13] La revuelta en Colombia conocida como **el Bogotazo**, ocurrió tras el asesinato del líder popular Jorge Eliécer Gaitán. Fidel Castro estaba en Bogotá para promover el **Congreso Latinoamericano de Estudiantes**, a realizarse en las mismas fechas de la **IX Conferencia Panamericana**, donde se adoptaría la **Carta de la Organización de Estados Americanos (OEA)**, y participó activamente en las manifestaciones y revueltas que costaron la vida a numerosos estudiantes y agentes del orden público. La agenda del Congreso Latinoamericano de Estudiantes incluía desde una posición antiimperialista, reclamar la **devolución del Canal de Panamá**, la devolución de las *islas Malvinas*, la **independencia de Puerto Rico** y protestar contra la **dictadura de Trujillo**, en República Dominicana.

En la **página 261**, en el contexto del golpe de Estado del 10 de Marzo de 1952, el libro señala...

*"... el PSP (Partido Socialista Popular, los Comunistas), aislado y perseguido... decidió ofrecerle un pacto de unidad para las elecciones [del 1º de Junio], con el fin de agrupar todas las fuerzas progresistas alrededor de un programa que reflejara los intereses fundamentales de las masas explotadas... pero la alta dirección de la Ortodoxia [el partido fundado por Eduardo Chibás] rechazó esa proposición para no establecer compromisos con el partido de la clase obrera, lo cual podía **ser mal visto por el imperialismo Americano**..."*

Cabe recordar que el **PSP** no tenía fuerza electoral alguna en 1952. De hecho fue legalizado por el propio Batista más tarde, en 1953. Entre los ministros de Batista en 1940, dos eran dirigentes Comunistas: **Carlos Rafael Rodríguez** y **Juan Marinello**. Oficialmente, el **PSP** en 1953 condenó, como "*actividades aventureras de la oposición burguesa,*" el asalto al cuartel Moncada, y acusó a Castro de "*haber surgido de una de las pandillas del Gatillo Alegre.*" Antes de dar su Golpe de Estado el 10 de Marzo de 1952, Batista, según reveló **Edith García Buchaca**, pidió una entrevista a los dirigentes del **Partido Socialista Popular** a la que asistieron **Blas Roca** y **Joaquín Ordoqui**, tratando de saber si el Partido estaba dispuesto a apoyarlo en sus aspiraciones presidenciales.[14] En el libro Historia de Cuba, una vez más, las autoras tratan de establecer una actitud cobarde por parte de todos los Cubanos, excepto de los militantes del Marxismo-Leninismo.

Una acusación adicional a los Estados Unidos aparece en el libro en la **página 262**.:

*"... después de la Segunda Guerra Mundial, los Estados Unidos promovió la política de Guerra Fría, desató una fuerte ofensiva anticomunista, reprimió al movimiento obrero y, en general, a las fuerzas progresivas que actuaban en los países capitalistas, auspiciando **Golpes de Estado reaccionarios**... en Perú con **Manuel A. Odría**, en Bolivia con **Víctor Paz Estensoro**, y en Venezuela con **Marcos Pérez Jiménez**..."*

En cuanto a Odría, Paz Estensoro y Pérez Jiménez, **Manuel A. Odría** fue electo Presidente del Perú en 1950; **Víctor Paz Estensoro** se postuló ocho veces a la presidencia (1947, 1951, 1960, 1964, 1978, 1979, 1980 y 1985) y fue electo cuatro veces, 1951, 1960, 1964 y 1985; **Marcos Pérez Jiménez**, en efecto, fue un voraz dictadorzuelo que sentía mucha admiración por Hitler y los Nazis, pero el libro deja de mencionar que compartió una relación amorosa con la espía Alemana **Marita Lorenz**, la cual previamente había sido amante de Fidel Castro.

---

[14] El propio José Martí advirtió que uno de los peligros de la idea socialista era *"la soberbia y rabia disimulada de los ambiciosos, que para ir levantándose en el mundo empiezan por fingirse, para tener hombros en qué alzarse, frenéticos defensores de los desamparados"*. José Martí: *Obras Completas*, Edit. Nacional, tomo IV, página 128.

En el siglo XIX, ser **anexionista** no era ni un deshonor ni ser un vendepatria —la patria aun no existía— era simplemente preferir ser ciudadano bajo la constitución que apoyaban **Washington** y **Jefferson**, en lugar de vivir bajo el yugo de un **Imperio Español** ya en franca decadencia.

Entre los grandes líderes y patriotas Cubanos que en algún momento mostraron apoyo a la Anexión a los Estados Unidos se encuentran figuras del *Club de La Habana*, como **José Luis Alfonso, Miguel Aldama, Francisco Frías, Domingo Goicuría, Cristóbal Madam, Ramón de Palma, Cirilo Villaverde**, entonces secretario de **Narciso López**, y exiliados del *Grupo de New York* como **Gaspar Betancourt Cisneros** y **José Aniceto Iznaga**.

Sorprendentemente, en 1868, desde los inicios de la primera Guerra de Independencia, encabezada por **Carlos Manuel de Céspedes**, el Padre de la Patria, ese grupo importante de Cubanos del **Grito de Yara** decidió pedir al gobierno Norteamericano la anexión de la isla de Cuba; por otra parte, el **Mayor Ignacio Agramonte**, nunca ocultó sus ideas anexionistas, interpretadas por el propio Martí como "*sentimientos de una gran pureza, de un gran patriotismo.*" Ambas realidades, de las cuales no se ha hablado mucho, no fueron desconocidas en la época ni interpretadas como una ignominia.

El **anexionismo** fue una corriente del pensamiento político Cubano del que muy pocas figuras de nuestra historia escaparon en aquella época. A casi todos los que aspiraron a convertir a Cuba en una estrella más de la bandera de los Estados Unidos los movía el deslumbramiento ante la posibilidad del desarrollo tecnológico de que disfrutaría la isla si tal cosa llegara a suceder. Como sucedió con el patriota Camagüeyano **Gaspar Betancourt Cisneros**, El Lugareño, al final de sus vidas muchos de ellos vieron con claridad su tropezón político.

En esta página se muestran seis de esas figuras: **Gaspar Betancourt Cisneros, Narciso López, Miguel Teurbe Tolón, Cirilo Villaverde, Domingo Goicuría,** y **Miguel Aldama**.

En la **página 263**, tocando el tema del Golpe de Estado de Fulgencio Batista el 10 de Marzo de 1952, el libro afirma:

"... *la camarilla de dirigentes sindicales reaccionarios* [refiriéndose a **Eusebio Mujal** y **Ángel Cofiño**] *se pasaron inmediatamente al vencedor...* [ese día] *después de que el golpe había sido realizado,* **Elliot Roosevelt***, representante del gobierno yanqui que había sostenido varias entrevistas privadas con* **Batista***, desde el Hotel Nacional informó a un interlocutor* [no identificado] *que todo había salido conforma a los planes... un oficial Norteamericano* [cuyo nombre no se ofrece] *estuvo en Columbia, el campamento militar centro de la conspiración y el golpe de estado, desde que comenzaron los acontecimientos hasta que cayó el gobierno de Prío... la juventud* **Ortodoxa** *estaba decidida a llevar la lucha hasta sus últimas consecuencias... entre sus filas se destacaba el joven abogado de 25 años* **Fidel Castro Ruz***,... los tribunales, plegados al gobierno no consideraron la acusación* [ante los tribunales], *y Batista continuó siendo el amo y señor de los destinos de Cuba.*"

Es imposible sustentar y defender la versión oficial de los Marxistas según la cual los Americanos **inspiraron y hasta dirigieron** el cuartelazo del 10 de Marzo de 1952. Inclusive, no puede defenderse una "***aprobación por omisión***" de la Embajada Americana en La Habana, por "*... no haber prevenido al presidente Carlos Prío de la conspiración de Batista y su soldadesca...*" Tampoco hubo ningún tipo de "apoyo discreto" de sus órganos secretos, [la CIA o el FBI], en la opinión de acreditados historiadores Cubanos en muchas publicaciones desde 1959. Por el contrario, el Golpe del 10 de Marzo **no fue bien recibido** por la mayoría de las instituciones de los Estados Unidos, como lo prueba que **no fueron los Estadounidenses los primeros** en reconocer al régimen *de facto*, sino más bien los últimos, después de llegar a Cuba el reconocimiento de cada uno de los países de la América Hispana. La documentación no-clasificada del Departamento de Estado Americano detalla el tenso proceso de reconocimiento a Batista y la subsiguiente **frialdad** que por meses mantuvo la Embajada Americana en La Habana. Los motivos para ello fueron los conocidos 20 años de **vínculos de Batista con los Comunistas Cubanos.**

La mejor respuesta a la apelación de Castro a los Tribunales de Justicia tras el 10 de Marzo de 1952, la ofreció **Huber Matos**, maestro de escuela, Manzanillero, miembro de una familia modesta de clase media, del Partido Ortodoxo, y del Movimiento 26 de Julio. Cuando Batista usurpó el poder el 10 de Marzo de 1952, y Fidel Castro apeló a los Tribunales con una sonada presentación, Huber Matos declaró:

"**Celia Sánchez** *se me acercó y me propuso lo siguiente: 'Escucha, tenemos que forjar una alianza con Fidel. Él es el hombre que buscamos... debemos olvidar todas las otras conspiraciones y unirnos a Fidel.' Yo siempre tuve mis reservas. Fidel Castro había encabezado un atrevido asalto al Moncada, pero* **él personalmente no había entrado al cuartel y se las había ingeniado para salvarse a sí mismo** *tras la sotana de un Arzobispo...*"

Después de este comentario, por supuesto, **Huber Matos**, el *"Maestro Comandante"* de la Revolución, que había entrado en la Habana en Enero de 1959 a bordo de un tanque acompañando a Fidel Castro, fue llevado a los tribunales por **traidor** y **condenado a 30 años de prisión**, que los cumplió en su totalidad.

En la **página 265**, el libro arremete contra el indefensible Golpe de Estado de Fulgencio Batista en Marzo de 1952, ignorando que fue **con la ayuda de los Comunistas** que Batista alcanzó la Presidencia de Cuba en las elecciones libres de 1940.

Pablo de la Torriente Brau,[15] Comunista y miembro de la *"Izquierda Estudiantil,* se unió a muchos de sus colegas del **Partido Comunista Cubano**, para en caracterizar en 1936 a Fulgencio Batista en los siguientes términos:

*"Si le negamos la valentía personal [a Batista], no podemos negar sus otras cualidades de liderazgo. Tiene la **imaginación** de un taquígrafo, es decir, la **capacidad** de interpretar rápidamente un signo engañoso, un párrafo sin sentido o, en política, una situación difícil. Por otro lado, tiene los atributos de un **demagogo**: es un **buen orador**, un hombre de **proyectos**, conoce el secreto de una **sonrisa** y un **apretón de manos**. Se construyó a sí mismo, se impuso y se perfeccionó... sin duda se encuentra ante una situación difícil y no debemos olvidar que en Cuba hoy es quizás **el político más hábil**, que sabe **resolver problemas**, y que a la hora de medir sus fortalezas, **nunca se olvida de medir las de su adversarios**."*

En la **página 267**, el libro ataca casi todas las fuerzas del orden público en Cuba imponiendo *"un régimen de terror."*

*"En el campo la **Guardia Rural** defendía los intereses de las compañías yanquis y la oligarquía nacional, aplicando el 'plan de machete', los desalojos e intensificando sus atropellos contra el campesinado... en las ciudades la **Policía Nacional** desenvolvía sus actividades persiguiendo los revolucionarios y al pueblo en general... entre los organismos represivos estaba el **Buró de Investigaciones**, el **Servicio de Inteligencia Militar (SIM)**, el **Buró de Represión de Actividades Comunistas (BRAC)**, todos vinculados con la **Agencia Central de Inteligencia (CIA)** Americana... el pueblo no tenía la más mínima garantía de vida... jóvenes, viejos, estudiantes, obreros, no sabían si al salir de sus casas regresarían vivos..."*

El libro, por supuesto, no hace referencia a los cientos de personas que fueron asesinadas en los primeros días de Enero de 1959, cuando el Comunismo tomó posesión del país y puso en las manos de **Raúl Castro** en Santiago de Cuba (Oriente), y **Ernesto Guevara** en La Cabaña (La Habana), las vidas de Cubanos opositores fusilados sin juicios ni procedimientos judiciales.

---

[15] **Pablo de la Torriente Brau** nació en Puerto Rico pero se crió en Cuba. En 1935 fundó con **Raúl Roa** la *Organización Revolucionaria Antiimperialista Cubana* (ORCA). En 1936 se trasladó a España como corresponsal de *El Machete*, el periódico del **Partido Comunista Mexicano**. Luchando en el lado Comunista en la **Guerra Civil Española**, llegó a ser comisario político de guerra; murió en combate *"defendiendo la República"* en el frente de Madrid, el 19 de Diciembre de 1936.

En la **página 269** comienza el Capítulo 8 del libro. La dictadura militar del gobierno de Fulgencio Batista es caracterizada como *"el sometimiento al imperialismo."* Se señalan en esas páginas los males habituales y cotidianos de la Cuba Republicana... desempleo, bajos salarios, hambre, miseria, un campesinado carente de tierras propias, analfabetismo, malversación, vicios, prostitución, terror, métodos represivos, rebeldía de las masas... y a eso se añade:

> *"...un grupo de jóvenes, en su mayoría de procedencia Ortodoxa, hastiados de la actitud vacilante de la alta dirección de su partido, comenzaron a nuclearse alrededor del joven abogado Fidel Castro, de solo 24 años, pero de amplia trayectoria como dirigente estudiantil y de firma y pública posición de denuncia ante el golpe..."*

Esa *"amplia trayectoria"* no debe referirse obviamente a...

1. Su enorme complejo de no haber sido reconocido como hijo por su padre Ángel hasta los 17 años, una vez legalizada su unión con Lina, su madre.

2. Su constante enfrentamiento con violencia a las diferencias ideológicas con otros estudiantes, que terminaban en su pasión por el terror y su gusto por el pistolerismo.

3. Su involucración en el ambiente de agitación y pendencia en la Universidad de La Habana, lo llevó a hacerse miembro de una de las camarillas estudiantiles más violentas, la **Unión Insurreccional Revolucionaria (UIR).**

4. Su descabellado intento en 1947, como integrante de un grupo de opositores izquierdistas Dominicanos seguidores de Juan Bosch, de alcanzar por mar la República Dominicana para hostigar a la dictadura de **Rafael Leónidas Trujillo**, intento que fue frustrado por la Policía Cubana.

5. Su absurdo e imberbe plan para traer sin permiso a la Universidad desde Manzanillo la **Campana de La Demajagua**, cuyo repiqueteo había anunciado en 1868 el comienzo de la Guerra de los Diez Años contra España. La desatinada peripecia se complicó cuando la reliquia fue robada, con el consiguiente escándalo nacional.

6. Su irresponsable participación en el **Bogotazo**, cuando fue asesinado el líder liberal colombiano **Jorge Eliezer Gaitán** y se produjeron severos y violentos disturbios. Sobre Castro recayeron sospechas policiales de una complicidad con el Partido Comunista Colombiano, con el propósito de convertir la ira popular en una revolución contra el Gobierno conservador de Mariano Ospina.

7. Su incansable ambición de liderazgo en movilizaciones populares contra el legítimo Gobierno de Carlos Prío y en las actividades de los Ortodoxos, que irrespetuosamente solo pararon en 1951 con el suicidio de Eduardo Chibás.

8. Su frustración al convencerse de la inutilidad de las fórmulas legales para revertir la usurpación del poder por Batista, y su decisión de ac-

tuar exclusivamente por cauces subversivos, con el objetivo puramente utópico, de derrocar a Batista por la fuerza de las armas.

9. Su cobarde ataque del 26 de Julio de 1953 al **Cuartel Moncada** de Santiago de Cuba, que se ocasionó la muerte de 60 de los 135 asaltantes, mientras Castro **no entró en el cuartel** y se refugió en las sotanas del Arzobispo Pérez Serantes.

10. Su **huida** a la Sierra Maestra el 2 de Diciembre de 1956, cuando su yate Granma encalló en unos bajíos (perdiendo buena parte de sus pertrechos) en el área de Los Cayuelos, cerca de la ciudad de Manzanillo, y abandonó a sus 80 seguidores al arreciar el fuego de las patrullas costeras, dejando al garete a todos, en un desembarco en que solo sobrevivieron 22 de los hombres a su mando.

11. Su traición y engaño al **Manifiesto de Sierra Maestra**, una proclama política fechada en Julio de 1957 en la que él se comprometía, una vez derrocado Batista, a restaurar la Constitución de 1940, celebrar elecciones libres y democráticas en el plazo máximo de 18 meses, liberar a todos los presos políticos y restablecer la libertad de prensa.

El resto del libro, de la **página 271 a la 360**, es una repetición del mismo estilo pendenciero y fraudulento que sigue incluyendo términos peyorativos a las tradiciones Cubanas y Norteamericanas, exaltando las políticas opresivas y autocráticas del sistema Marxista-Comunista que ha operado en Cuba por más de medio siglo. Un análisis de la **frecuencia de las menciones de personajes y sucesos** en la historia de Cuba, según la presenta el libro, revela el carácter nefasto y pernicioso conque los Comunistas han tratado de adoctrinar a la juventud Cubana desde su ascenso al poder en 1959.

Presentamos aquí un resumen de la frecuencia de nombres y términos que se mencionan a lo largo del libro.

1. **Vocablos utilizados para caracterizar el sistema político Cubano y su entorno después de la toma del poder por el Marxismo en 1959**:

Imperialismo, utilizado 85 veces en el libro;
Neocolonial, 31;   Colonia, 179;
Oligarquía, 26;   Entreguistas, 3;
Burguesía/Burgueses, 38;   Intervencionista, 28;
Independencia, 96.

2. **Menciones de personajes y eventos Cubanos a lo largo de la historia**:

José Martí, 43 veces;	Calixto García, 27;	Máximo Gómez, 41;
C. M. Céspedes, 57;	Bartolomé Masó, 12;	Juan Gualberto ,19
Mariana Grajales, 3;	Estrada Palma, 31;	José A. Echeverría, 12;
Eduardo Chibás, 11;	Luz y Caballero, 3;	Félix Varela, 6;
Ignacio Agramonte, 11;	Grau San Martín, 14;	Fermín Valdés, 2;
Flor Crombet, 5;	Vicente García, 5;	Donato Mármol, 0,
Manuel de Quesada, 2;	Manuel Sanguily, 7;	Enrique José Varona, 1
10 de Octubre, 12;	Bayamo, 44;	José Villalón Sorzano, 0;
Felipe Pazos, 0;	Jorge Mañach, 0;	Fulgencio Batista, 74.

3. **Menciones de personajes y eventos Comunistas bajo el régimen Marxista-Leninista desde 1959**:

Granma, 21 veces;	Ejército Rebelde, 41;	Socialismo, 22;
Ernesto Guevara, 15;	Haydée Santamaría,11;	Julio A. Mella, 43;
26 de Julio, 32;	Blas Roca, 10;	Sierra Maestra, 24;
Camilo Cienfuegos, 21;	Osvaldo Dorticós, 6;	Carlos Baliño, 16;
Raúl Castro, 10;	Fidel Castro, 43;	Lázaro Peña, 7;
Rubén M. Villena, 17;	Poder Popular, 4;	Juan Almeida, 3.
Moncada, 43;	Revolución, 243;	

4. **Ideólogos e Intelectuales Políticos a nivel mundial, Partidos Políticos Cubanos, y escritores en la historia de Cuba**:

Karl Marx, 44 veces;	Vladimir Lenin, 18;	Friedrich Engels, 4;
Partido Ortodoxo, 7;	PSP (Comunista), 115;	Partido ABC, 7;
Partido Auténtico, 18;	Antón Arrufat, 0;	Nicolás Guillén, 1;
Cabrera Infante, 0;	Heberto Padilla, 0;	Juan Marinello, 3;
Alejo Carpentier, 1;	Fernández Retamar, 0;	Quesada, Gonzalo (0)
Avellaneda, 1;	Agustín Acosta,1;	Heredia,2;
Plácido, 2;	Julián del Casal, 1;	Clemente Zenea,1.

Dada la frecuencias con que se usan esos importantes términos en el libro...

¿Quiere esto decir que en la Historia de Cuba fueron **Ernesto Guevara** (15 menciones), **Camilo Cienfuegos** (21), **Julio Antonio Mella** (43), **Carlos Baliño**(16), y **Fidel Castro** (43) tan importante o más que **José Martí**, que es mencionado sólo 15 veces?

¿Fue el **Partido Comunista** (115 menciones) más transcendental en la Historia de Cuba que el Partido **Ortodoxo** (7), el **Auténtico** (18) y el **ABC** (7), que los tres juntos sólo ameritaron un total de 32 menciones?

¿Será cierto que **Félix Varela** (6 menciones), **Jorge Mañach** (0), **Felipe Pazos** (0), **Enrique José Varona** (1) y **Luz y Caballero** (3) aportaron mucho menos que **Haydée Santamaría** (11) a la Historia de Cuba?

Los líderes mundiales **Anarquistas, Comunistas, Comunistoides, Fascismo-totalitarios, Neo-Jacobinos,** o **Radical-Socialistas,** nunca tuvieron ni simpatía ni gran aceptación en Cuba excepto entre las filas de revoltosos y "*revolucionarios* " Cubanos.

Bajo falsos reclamos sociales y políticos, poco o nada han hecho o han logrado a lo largo de la historia por llevar sus cambios ideológicos radicales a los pueblos que, como en Cuba, han infiltrado con espúreas y engañosas promesas de cambio y mejoramiento. Sus posturas radicales siempre partieron de una **burguesía de izquierda acomodada** que propone reformas sociales **a fondo**, utilizando estrategias exaltadas para alterar el orden político, social, moral y religioso.

Se trata de un **jacobinismo** que, al igual que en la Revolución Francesa, pretende dar un giro vertiginoso a la sociedad entera, justificando cualquier método por **aterrador** o **violento** que fuera, para alcanzar una utópica democracia, laicismo, centralismo y equidad.

En esta página se muestran algunos de los líderes foráneos que han tratado de penetrar la sociedad Cubana a lo largo de muchos años. No se trata de Peter de Rusia, Danton, Robespierre o Marat, ni de Valeriano Weyler o Tacón, sino de (en orden de aparición arriba)... **Mikhail Bakunin, Friedrich Engels, Benito Mussolini, Fidel Castro, Joseph Stalin y Mao Zedong.**

Entre los patricios Cubanos, ¿vale la pena recordar la figura de **Ignacio Agramonte** (11 menciones), **Manuel Sanguily** (7), y **Flor Crombet** (5), si los comparamos con **Blas Roca** (10), **Martínez Villena** (17), o los *"héroes"* del **Moncada** (43)?

¿Puede escribirse una **Historia de Cuba** mencionando a **Karl Marx** (44 veces); **Vladimir Lenin** (18); **Friedrich Engels** (4), pero ignorando a **La Avellaneda** (mencionada 1 vez); **Agustín Acosta** (1); **José María Heredia** (1); **Plácido** (2); **Julián del Casal** (1); y **Juan Clemente Zenea** (1 sola vez)?

La perfidia engañosa de este libro hace un primer clímax en la descripción de los eventos que ocurrieron durante el cobarde ataque al **Cuartel Moncada** de Santiago de Cuba el **26 de Julio de 1953**. Falsamente se relata... [sin explicar debidamente por qué nada de eso se cumplió] ...

"el cuartel debía ser tomado por el propio Fidel al frente de unos 90 hombres...la jefatura del tercer grupo la asumió Raúl Castro, lo integraban 6 hombres y debía tomar el Palacio de Justicia, con el objetivo de apoyar la acción desde la azotea de ese edificio..."

Acto seguido, el libro relata la lectura del **Manifiesto del Moncada** que en parte leía...

"... se levanta en espíritu nacional... para proseguir la revolución inacabada que iniciara Céspedes en 1868, continuó Martí en 1895, y actualizaron Guiteras y Chibás en la época republicana..."

[a propósito, no alusión ni a **Carlos Baliño** ni a **Julio Antonio Mella**.]

El fracaso del Moncada se atribuye en el libro a...

"... varios automóviles donde iban las mejores armas , se extraviaron en una ciudad que no conocían... un sargento apareció por una calle lateral... Fidel le tiró el auto encima, pero chocó con el contén y Fidel tuvo que bajarse de inmediato... el factor sorpresa se había perdido... la lucha se estableció fuera del cuartel...Fidel ordenó la retirada... Raúl no pudo disparar hacia el cuartel desde el Palacio de Justicia, porque el muro de la azotea del palacio era muy alto, e impidió el ataque..."

La realidad fue muy distinta... [Fidel se retiró sin decírselo a nadie]

Cuando **Castro** explicó lo que iban a intentar, el plan pareció tan evidentemente descabellado a muchos de los reunidos, que 12 miembros **desertaron**... otros fingieron **perderse** en la ciudad, se escabulleron y oyeron los disparos desde lejos del Moncada... nunca hubo justificación de perderse en la ciudad de Santiago; el **Moncada** era una mole que se distinguía desde la distancia, al lado de los edificios del Hospital y la Audiencia Provincial, también perfectamente distinguibles a distancia... a **Raúl** le hicieron una prueba de parafina que demostró que en ningún momento había disparado su arma... de los 90 finales miembros del grupo atacante, 27 rompieron más tarde con los Castro por sentirse **traicionados**... el ataque fue un sangriento acto terrorista y traicionero, por llevarse a cabo de madrugada, mientras los militares **dormían**... **Haydée Santamaría**

Cuadrado, la *"heroína"* del Moncada, perdió allí a su novio, **Boris Luis Santa Coloma**, y a su hermano, **Abel Santamaría**; en 1980, un 26 de Julio, se suicidó... **Fidel** no llegó a tiempo y, según se ha demostrado, **no disparó un solo tiro** en esa acción armada que costó la vida de decenas de jóvenes Cubanos de ambos lados... El ataque fue mal planificado, pésimamente ejecutado y peor dirigido... excepto un reducido grupo,[16] los participantes no sabían la acción criminal a que se habían comprometido... **Fidel** fue el único que se supo poner en manos del Arzobispo de Santiago, **Enrique Pérez Serantes**, quien había obtenido de Batista la garantía de salvar la vida de Castro... al fracasar el ataque, muchos de los atacantes, trataron de ocultarse vistiendo ropas de **enfermos** en el Hospital militar... el documento conque Castro entusiasmó a los atacantes a la hora de comenzar el asalto, fue grandilocuente, lleno de adjetivos huecos, consignas y arengas patrióticas, con abundantes referencias a la "*vergüenza*", la "*honradez*", el "*sacrificio*" y la "*democracia*", que terminaba anunciando que en 1953 *"nacería una república luz"*... esa vacuidad y rimbombancia del Manifiesto de Julio de 1953, contrasta con el famoso discurso *"La Historia me Absolverá,"* que sin ser una maravilla literaria está mucho mejor escrito, posiblemente de las manos de dos plumas de alta calidad, **Jorge Mañach** y **Mario Llerena**. Uno de los grandes exégetas de Castro, **Herbert Matthews**, declaró que el discurso apenas tuvo repercusión y pronto desapareció de la circulación... Mathews subrayó en esa ocasión que *"los ojos sacados a Abel Santamaría fue uno de los mitos más perdurables del Moncada"*... de igual forma, el funerario **Manuel Bartolomé** recogió, por encargo del alcalde de Santiago a todos los asaltantes muertos y declaró que no vio *"ningún cadáver que presentara signos de tortura."*[17]

Abel Santamaría, Boris Santa Coloma, Renato Guitart, Frank País, Juan Manuel Márquez, Camilo Cienfuegos. ¿Qué tienen todos en común? Fueron seguidores cercanos y amigos de Fidel Castro que desaparecieron o murieron mientras que él, de manera casi milagrosa, sobrevivió todos los acontecimientos, huyendo cobardemente ante el peligro.

Fidel Castro, el hombre que siempre exigía a los suyos luchar hasta la *"última gota de sangre por la causa revolucionaria"* (piénsese en el **Moncada**, la guerrilla en la **Sierra Maestra**, la batalla de **Playa Girón** o la guerra de **Angola**), optó por **entregarse** en la única oportunidad en que estuvo en el trance de escoger entre morir por sus ideales o rendirse;

---

[16] El círculo de confianza de **Fidel Castro** era mínimo e incluía a su hermano **Raúl**, el simpatizante leninista **Abel Santamaría** (hijo burgués de un concesionario de automóviles Pontiac), su hermana **Haydeé**, **Antonio López** (Ñico), **Jesús Montané**, **Renato Guitart**, **Pedro Miret** y **Ramiro Váldes**.

[17] En los libros escolares hasta hace unos pocos años, había un dibujo de un soldado de Batista con los ojos de Abel en la mano mostrándoselos a Haydee. En años recientes retiraron ese dibujo de circulación. ¡Así se comenzó a lavar el cerebro, y así crecieron entre mentiras, cientos de jóvenes Cubanos!

no muy distinto a lo de **Sadam Hussein** y **Muhammad Gadafi**, que también se entregaron en el momento preciso, con la esperanza de que podrían salvar sus vidas.

Esa actitud tampoco es distinta a la del guerrillero **Ernesto Che Guevara**, que finalizaba sus mensajes con un *"¡Patria o Muerte!";* en Bolivia se entregó a un soldado Boliviano diciendo: *"¡No dispare! Soy el Che Guevara. Valgo más vivo que muerto."*

Las expresiones artificiosas, falsas e injuriantes del clásico vocabulario Marxista-Leninista se continúan a todo lo largo del resto de libro.

En la **página 279**: *"... el pensamiento radical y **antimperialista** de Martí...",* y seguidamente *"...La Historia me Absolverá dotó al movimiento revolucionario de un programa democrático-popular y **antimperialista**, que años más tarde abrió las puertas a las transformaciones socialistas..."*

En la **página 284**: *"... la lucha por las demandas económicas... golpeaba la **economía semicolonial** y ponía de relieva sus contradicciones...terminó con la consigna ¡Abajo el **gobierno criminal**!... el PSP fue el alma de ese movimiento...! "... en 1854 pasó a ocupar la presidencia de la Federación Estudiantil Universitaria José Antonio Echeverría, **dirigente radical y antimperialista**..."*

En la **página 292**, en relación al malogrado **ataque a Palacio** por el Directorio Revolucionario, el libro señala: *"... a pesar de no haber logrado su objetivo, la acción del 13 de Marzo de 1957 tuvo una gran importancia histórica pues convulsionó la conciencia popular..."*

La posición de Castro con relación a esa acción fue totalmente opuesta... *"... pegar y golpear arriba es uno de los conceptos falsos sobre la revolución... la tiranía no es un hombre; la tiranía es un sistema...nunca fuimos partidarios del **tiranicidio** ni de los golpes militares, porque inculcan al pueblo un complejo de **impotencia**... han cometido un grave error político al compartir su autoridad, su prestigio y su fuerza con la Dirección Revolucionaria. No tiene sentido formar **un pequeño grupo cuyas intenciones y ambiciones conocemos tan bien**, y que en el futuro será fuente de problemas..."* [En otras palabras... ahí está Fidel preparando el camino para eliminar sus rivales de la FEU...]

En la **página 295**, sobre la participación de la mujer en la revolución:

*"Aleida Fernández fue asesinada por los esbirros del SIM por haber interferido, desde su puesto de operadora telefónica, una conversación de Batista con un representante del **imperialismo**..."*

En la **página 296**, en relación al funcionamiento de **Radio Rebelde** desde la Sierra, el libro acredita a **Guevara** como el fundador, y omite totalmente a **Carlos Franqui**, íntimo amigo de Fidel, editor de **Revolución**, el periódico iconoclasta del M-26-7, y operador de Radio Rebelde, que rompió con Castro cuando la Revolución Cubana apoyó la invasión Soviética de Checoslovaquia en 1968.

En las **páginas 297** y **298**, el libro describe los arreglos para la Huelga General convocada para el 9 de Abril de 1958.

En 1958, las tropas de Batista habían establecido una especie de **tregua con la guerrilla**; Radio Rebelde estaba transmitiendo en pleno apogeo, y los miembros del M-26-7 en "*el llano*" (las ciudades) comenzaron a gestar una huelga general para —junto a acciones armadas a lo largo de la isla— liquidar de un plumazo el gobierno. Castro sintió que, ocupado en la Sierra, **el liderazgo de la revolución se iba de sus manos** y caía en las del sector urbano del M-26-7. Argumentó que era **precipitado** convocar a una huelga, no les prestó **respaldo** a los revolucionarios de las ciudades, rechazó buscarles el **apoyo** del PSP (Partido Socialista Popular), que tenía una mayor influencia entre los trabajadores, mantuvo la fecha de la Huelga en **secreto**, y acusó a los militantes de las ciudades de tratar de hacer una **alianza** con la burguesía. La huelga general fracasó cuando el PSP y los sectores "*del llano*" se decidieron a *boicotear* las inconsistentes directrices de Castro.

En la **página 299** comienzan a mencionarse batallas en las que rebeldes resistían y triunfaban frente a "*tanques y aviones de las fuerzas de la tiranía.*" ¿En qué sueño delirante las autoras del libro concibieron las avanzadas de tanques por las escarpadas montañas de la Sierra Maestra?

En la **página 300** se fantasea sobre el bombardeo de la Sierra Cristal "*con la **ayuda yanqui**...*" y que "*...para detener la ofensiva, Raúl **detuvo a 49 Estadounidenses de la Base Naval de Guantánamo** para que fueran testigos de los salvajes bombardeos a la población civil...*"

La realidad histórica fue diferente. De los secuestrados, 20 eran civiles y sólo 29 eran de la base naval de Guantánamo; el resto eran empleados de la planta de extracción de níquel de Moa. Fidel Castro calificó la aventura secuestral de su hermano Raúl como "**una estupidez continental**;" el gobierno de Eisenhower la pudo haber denominado como un *casus belli*, que justificaría una militarización Americana de la provincia de Oriente, según los cánones del Derecho Internacional. Sin embargo, el gobierno de Washington sólo envió dos funcionarios a la Sierra Cristal para recuperar los secuestrados, disipando la tan publicitada "**invasión yanqui a Cuba...**" Esos dos funcionarios llevaban en sus manos un ejemplar del New York Times reportando las órdenes de Fidel Castro para "*desfacer el entuerto...*" como hubiera dicho Cervantes en el Quijote.

En las **páginas 300** y **301**, que relatan el paso de tropas al mando de Camilo Cienfuegos y Ernesto Guevara hacia Las Villas, el libro destaca a Camilo como "*un hombre valiente, firme, intransigentemente revolucionario, leal a Fidel y a la Revolución...*" y a Guevara como "*un hombre que desde muy joven conoció de la miseria y explotación en que vivían los pueblos de América...*"

En esos tiempos, **Camilo Cienfuegos**, tenía tanto arraigo popular como Fidel Castro, pero **desapareció** en Octubre de 1959 en un vuelo entre las ciudades de Camagüey y La Habana. Se sabe que 4 minutos después de decolar un *Cessna 310, número 53*, donde viajaba Camilo, un *caza*

FOTOS DE LA PAGINA SIGUIENTE

Tras el ataque cobarde organizado por Fidel Castro al **Cuartel Moncada** de Santiago de Cuba, Castro, que no había disparado un tiro ni entrado al cuartel, huyó a la Sierra Maestra y solicitó la mediación del Arzobispo de Santiago de Cuba, Mons. Enrique Pérez Serantes, para salvar su vida. El Arzobispo lo salvo de ser fusilado, pero meses después, cuando Castro cambió el rumbo del nacionalismo democrático de la revolución, hacia una pesadilla Marxista-Leninista. Lo denunció airadamente en una docena de pastorales.

Los fusilamientos en la **Sierra Maestra** durante 1956-58, son una buena prueba del estado de excepción revolucionaria en la Cuba de mediados del siglo XX. En 1957, según cálculos de varios historiadores, habían muerto más hombres por fusilamientos en las montañas (**46**) que rebeldes por bajas militares: **35**. Este contraste tiene que ver, naturalmente, con el hecho de que la confrontación propiamente militar se produjo en el año 58, cuando se estima, según los mismos cálculos, la muerte de **409** rebeldes, frente a **49** fusilados. La mayoría de esos ejecutados no eran soldados enemigos, sino campesinos orientales que no colaboraban con los rebeldes o los habían tratado de denunciar.

Ese **alarde de hombría** por parte de Castro cuando envió a 112 jóvenes a atacar un cuartel militar donde él no tenía la intención de entrar, se vio demolido cuando tuvo que enfrentarse cara a cara ante las cámaras de TV al embajador Español **Don Juan Pablo de Lojendio,** Marqués de Vellisca, que lo hizo trizas.

Un caso similar de alarde de fuerza seguido de enorme cobardía fue el de **Ernesto Guevara** a lo largo de toda su vida. Después de fusilar a cientos de oficiales militares Cubanos y hombres jóvenes del **Movimiento 26 de Julio** que se resistieron al ataque Comunista y estaban presos en la fortaleza de La Cabaña en La Habana, Guevara cayó en desgracia por tratar de opacar la figura de Fidel Castro. En Agosto de 1966, llegó a La Paz, Bolivia, para participar en la guerrilla que ahí se engendraba, pero sin el apoyo de los revolucionarios locales. Guevara combatió en la clandestinidad en las montañas Bolivianas, pero para su desgracia, el 8 de Octubre de 1967, fue herido, capturado y llevado a una escuelita del pequeño poblado de **La Higuera**. El grupo que lo capturó vivo estaba bajo el mando de un exiliado Cubano que había peleado en la **Brigada 2806** que trató de derribar a los Castro en Playa Girón: **Félix Rodríguez**. El 9 de Octubre de 1967, un sargento Boliviano, **Mario Terán**, obedeciendo órdenes del Presidente de Bolivia, fusiló al Che Guevara al otro día de la captura. Guevara no murió con la frente en alto sino suplicando por su vida y alegando que *"valía más vivo que muerto."* Momentos después lo trasladaron a Vallegrande, donde el cuerpo fue colocado en un lavadero de mármol del hospital local y fotografiado.

Las fotos de la página siguiente muestran a…

- Fidel Castro participando en fusilamientos en la Sierra Maestra en 1957;
- a Castro salvando su vida tras suplicar al Arzobispo de Santiago de Cuba que lo protegiera;
- y al Marqués de Vellisca gritándole cobarde y mentiroso frente a las cámaras de CMQ TV en La Habana.

Seguidas de…

- Ernesto Guevara fusilando soldados y jóvenes en La Cabaña;
- Guevara hecho preso en las montañas Bolivianas;
- Guevara suplicando cobardemente por su vida;
- Y finalmente su rostro demacrado al recibir la muerte.

Fidel y el **Ché**, dos vidas cobardes que la historia desenmascaró.

Adoctrinamiento en Cuba

Británico tipo Sea Fury, al mando de Manuel Beatón, el **piloto personal** de Raúl Castro, con sus escopetas desenfundadas, siguió el mismo rumbo que el Cessna de Camilo y le abrió fuego. En cuanto a **Ernesto Guevara**, según el periódico Argentino **La Nación** —donde años atrás escribiera José Martí— los Guevara pertenecían a una refinada dinastía de regatistas del **Club Náutico de San Isidro**, donde el Ché fue campeón de Rugby, el deporte favorito de la burguesía Argentina; estudió medicina, una de las grandes profesiones de las clases adineradas, fumaba los refinados habanos **Cohiba**, que lo acompañaron inclusive en Angola, gustaba del golf, y las motocicletas, escaló montañas y se internó en junglas complicadas, disfrutando los deportes que apasionaban a los ricos. Finalmente le gustó ser **guerrillero**, ordenar **fusilamientos**, dar el **tiro final de gracia** a sus víctimas y **embarcarse** en misiones suicidas.

En la **página 302**, el texto lee…"… *en Mayo de 1958, comenzó a operar en Yaguajay un grupo guerrillero del Partido Socialista Popular (PSP), bajo la jefatura del dirigente Comunista Félix Torres…*"

Lo cierto es que después del golpe del 10 de Marzo del 1952, Batista adoptó un perfil bajo pero amistoso con el **PSP**; el partido fue ilegalizado formalmente el 2 de Noviembre de 1953, quizás para mejorar las relaciones de Cuba con Estados Unidos en una era de **macartismo**; el PSP **condenó** la oposición violenta de Fidel Castro a Batista, y no fue sino a principios de 1958 que algunos Comunistas como exministro **Carlos Rafael Rodríguez**, pasaron tiempo en la Sierra Maestra con Fidel; los Comunistas, a última hora, le dieron algún apoyo al Che Guevara en Las Villas.

En la misma **página 302** se añade… "… *el gobierno Americano, que desde el primer momento había apoyado la dictadura brindando asesoramiento en los métodos de represión popular y enviando armas suficientes para acabar con la insurrección, comprendió que no podía detener el avance victorioso del Ejército Rebelde…*"

La realidad de Cuba en ese entonces no era como la presenta la "*historia oficial*."

Ya desde 1953, el **76,4%** de la población Cubana **sabía leer y escribir**, lo que ubicaba a la isla en la cuarta posición de América Latina en cuanto a índices de alfabetización. En 1957, ya el país se colocaba en **el primer lugar de la región con menor mortalidad infantil** y con mayor número de médicos y camas por habitantes en los hospitales. En 1958, el **Producto Interno Bruto** por habitante de la isla se colocaba en tercer lugar de la región (solo superado por Venezuela y Uruguay) y la tasa de inflación ese año era **virtualmente cero**.

Era cierto que esos indicadores no tienen en cuenta que **había una gran diferencia entre el sector urbano y el rural**, pero no por ello podía decirse de Cuba que era… "**el país de los casinos, las prostitutas y las playas, la isla del tabaco y el ron, la tierra de los campesinos pobres y olvidados, la de las divisiones sociales y raciales, la de la rampante desigualdad entre el campo y la ciudad, la que tenía a sus clases más pobres hundidas en la peor de las miserias…** a pesar de la nación con más autos, televisores y cines de América Latina.

No es cierto que Cuba fuera una tierra de pobreza generalizada, copada de analfabetismo, una isla enferma por la falta de acceso a la salud, hundida en el desempleo y de hecho una "*neocolonia*," y el "*burdel*" de Estados Unidos. Era cierto que el desempleo afectaba a los sectores más desfavorecidos, la mayor parte de las tierras de Cuba estaban en pocas manos, la corrupción era "*una plaga*," y el comercio exterior era controlado por el mercado de Estados Unidos. Sin embargo, en la gran mayoría de América Latina la situación económica por ese entonces era **peor** y los golpes de Estado campeaban de un país a otro bajo la impotencia del pueblo y la mirada ciega y a veces tolerante de los Estados Unidos.

Cuba era el país con mayor crecimiento capitalista de toda la América Latina y posiblemente del mundo, pero eso fue la nefasta causa principal detrás de la revolución. La **cercanía a los Estados Unidos limitaba su soberanía,** pero era lo que permitía que la modernidad capitalista le llegara como a ningún otro lugar del mundo. Esa suerte no pudo compensar la suerte de ser un lugar donde se hablaba una sola lengua, sin desiertos ni excesivas montañas intransitables, una isla con una población relativamente homogénea, y bastante liberal sin excesos de modernidad.

En la **página 302** también se insertan comentarios sin base alguna: "*... Camilo y el Che tuvieron que enfrentar esa compleja situación y a pesar de la actitud hostil y divisionista de Menoyo, pusieron en alto los principios de unidad ...*"

Eloy Gutiérrez Menoyo (1934–2012), fue un revolucionario que lideró la guerrilla desde un Segundo Frente Nacional en las montañas del Escambray durante la Revolución; luego se opuso al gobierno de Castro por sus imprevistas e inesperadas posiciones **prosoviéticas**. Su hermano **Carlos Gutiérrez Menoyo** había muerto en el ataque al Palacio Presidencial del 13 de Marzo de 1957. Ese comentario deshonesto ignora que **fue Castro y no Menoyo** el que cambió la naturaleza de la revolución.

Y el texto de la **página 302** añade..."*... Batista se vio obligado a efectuar elecciones presidenciales el 3 de Noviembre de 1958. Grau San Martín, por el partido Auténtico, y Manuel Márquez Sterling por el Partido del Pueblo (Ortodoxos), se prestaron al juego,*" ignorando lo que posiblemente fue un paso desesperado pero no sórdido y mezquino por parte de dos de los pocos políticos Cubanos dispuestos a correr un riesgo.

La **página 303** está prácticamente dedicada a la famosa **Batalla de Guisa**... "*dirigida por Fidel en persona.... la más grande en el transcurso de toda la guerra... abrió definitivamente la marcha hacia el centro de la provincia Oriental... e hizo posible el avance sobre Jiguaní, Baire, Contramaestre, Maffo, Palma Soriano, Sagua de Tánamo, Mayarí, Guantánamo, Holguín y Las Tunas... 180 hombres al mando de Castro enfrascados luego en grandes campañas, 18 combates exitosos del 20 al 30 de Noviembre de 1958...*"

El lector tiende a concurrir que la **Batalla de Guisa** debió haber sido un importante encuentro que aceleró el triunfo de la revolución; pero esa no es toda la historia.

Guisa fue fundada en agosto de 1765, y luego fue parte de un marquesado enriquecido por el cultivo del café y los cítricos. Está a 16 horas en autobús desde **La Habana**, a pocos kilómetros de **Bayamo**, y es el puente natural entre las llanuras del **Cauto** y las montañas de la **Sierra Maestra**. Su categoría como emplazamiento militar de importancia en Oriente y sede de la supuesta gran victoria de Fidel Castro, deben haberle asegurado al poblado un destino holgado y desahogado como el del **Cuartel Moncada**, el **Monumento y Mausoleo al Che** en Santa Clara, o los obeliscos y monolitos de la senda del **Moncada** en Santiago de Cuba.

Pero no ha sido así.

Hoy en día **Guisa** es un pueblo con calles sin pavimentar, llenas de piedras y fango, viviendas destruidas, techos a medio caer y fachadas agrietadas. Si tuvo un pasado glorioso con la revolución, parece haber perdido la batalla contra el tiempo. De los 1,320 antiguos combatientes, 60 años después solo una docena aún recuerdan el **encuentro de Guisa**; brillan y pulen las medallas de latón que les han otorgado y de vez en cuando se la ponen en el pecho... y nada más. Puede que se pavoneen como si fueran los mismos jóvenes que arriesgaron sus vidas por la revolución, pero en el fondo lamentan que han contribuido a formar **uno de los estados policiales más sangrientos y rígidos del planeta**. En las conversaciones entre ellos no faltan los comentarios imprudentes y las **críticas a los Castro y el PSP**; mientras tanto, los jóvenes de ahora hacen **planes de irse del país**, como los que se les ocurren a los que nunca estuvieron ni en Guisa, ni se enfrentaron al tren blindado de Santa Clara, ni aclamaron a Castro en la antigua Plaza del Centro Cívico en La Habana.

En las **páginas 304** y **305**, vuelve a mencionarse "... *el imperialismo yanqui*," esta vez en el contexto de encontrar un substituto a Batista, que según el relato del libro: "*rápidamente decidió huir hacia Santo Domingo, gobernado por el dictador Rafael Leónidas Trujillo... tomando un avión junto a sus secuaces, algunos de los cuales lo obligaron a que los llevara* **a punta de pistola**... *los reaccionarios intentaron un golpe militar,* **auspiciado por el imperialismo yanqui**, *para frustrar el triunfo revolucionario...*"

En la **página 306**, se mencionan de nuevo "**los imperialistas y sus lacayos**..." y de paso se desacreditan e insultan los **veteranos de la gesta independentista** del '95, los **revolucionarios del '33**, y los Cubanos que libremente **ejercieron el voto** en una Cuba democrática...

"*no será como en el '95, que vinieron los Americanos y se hicieron dueños del país, ni como en el '33 que cuando el pueblo comenzó a creer que la revolución se estaba haciendo, vino Batista, y se apoderó del poder, ni como en el '44, que los que llegaron al poder fueron los ladrones...*"

En las páginas 308 y **309**, el libro presenta una narración de los sucesos en La Habana al llegar las fuerzas revolucionarias el 8 de Enero de 1959. Comienza el relato con tres expresiones engañosas y fraudulentas.

1) *"El desarrollo cultural en nuestro país durante la **República neocolonial** va a estar marcado por el clima de desencanto e inconformidad que había dejado la **frustrada independencia** y la **injerencia extranjera**."*

2) Seguido de *"Los elementos más progresistas del arte y la cultura no [eran] ajenos a la difícil situación del país; tales son los casos de críticos como **Manuel Sanguily, Juan Gualberto Gómez**, y **Enrique José Varona**, escritores de carácter histórico como **Fernando Figueredo Socarrás**... intelectuales y artistas que abrazaron la causa del antimperialismo como **Julio Antonio Mella, Pablo de la Torriente Brau, Rubén Martínez Villena, Nicolás Guillén** y otros muchos."*

3) *"... existían instituciones culturales como la **Biblioteca Nacional**, la **Academia Nacional de Artes y Letras**, la **Asociación Pro Arte Musical** y el **Museo Nacional**, pero ellas no respondían a los intereses de un pueblo que en su gran mayoría **no sabía leer ni escribir**, ni tenía satisfechas otras necesidades más apremiantes... sociedades como la **Compañía de Ballet Alicia Alonso**... no recibían ayuda por parte del gobierno, que apoyaba un arte que deformaba nuestra cultura con el afán de perpetuar **el modo de vida capitalista** y responder a los **intereses imperialistas** que los mantenían en el poder."*

Para poder aclarar tantas expresiones engañosas y fraudulentas es necesario hacerlo en forma sencilla y fácil de entender y comprobar:

En cuando a la **injerencia extranjera,** el **rol de los Comunistas** en la historia de Cuba, y el **apoyo a la cultura**:

A diferencia de otros países del continente Americano, Cuba logró su independencia de España en 1898, en gran parte con la la decisiva ayuda de Estados Unidos, en el marco de la guerra **Hispano-Cubano-Americana**. Por supuesto, como bien entendía **José Martí**, la ayuda de los Estrados Unidos no era mera filantropía; pero es justo reconocer que junto a las grandes inversiones de capital —que muchos pueblos hermanos de la América Hispana envidiaban— Cuba se situó muy al frente de sus hermanos países del continente,

1. Según la Comisión Económica para América Latina (CEPAL), la **formación de capital** con recursos externos contribuyó al incremento de la **capacidad de importar en Cuba** y se orientó hacia a la producción de minerales, azúcar, tabaco, cemento y servicios básicos, entre éstos los financieros.
2. En la década de los 1950s, el capital Cubano se concentró en establecer fábricas de **productos destinados al consumo interno**, que incluyeron harina de trigo, neumáticos, cámaras y productos de goma, botellas de vidrio, alambre y cable de cobre, papel y productos lácteos, así como en el sector energético, principalmente la refinación de petróleo.

3. Con respecto a las inversiones directas, se destacó la financiación de la **Planta de Níquel de Nicaro**, que contribuyó al desarrollo de **nuevos bienes de exportación** no tradicionales. Cuba ocupó el cuarto lugar mundial en la producción de ese mineral.
4. El **crecimiento económico** de Cuba en los años 1902 al 1958, fue mayor del **10% anual**, y entre 1950-1958 llegó al 3.9%.
5. La **producción azucarera Cubana** llegó a 7.3 millones en 1952, un récord en la historia económica de Cuba.
6. El **Superávit** de la balanza comercial de bienes alcanzó US$17 millones en 1956.
7. El **Producto Interno Bruto (PIB)** observó un crecimiento cercano al 14% en 1957.
8. En 1958, Cuba proyectaba tener unos 17 o 18 millones de habitantes a finales de siglo. Chile tenía en 1958 la misma población que Cuba y hoy tiene 19 millones de habitantes. La fuerza laboral contaría con tres o cuatro millones más de Cubanos produciendo eficientemente y consumiendo, y el **Producto Interno Bruto** sería cuatro o cinco veces superior.
9. La Habana en los años 50 era un **centro financiero de envergadura** con 62 diferentes Bancos Comerciales, de Inversión, de Ahorro e Hipotecarios, tanto extranjeros como Cubanos, con unas 330 oficinas en toda la Isla; un récord de la época para un país pequeño.
10. Cuba tenía 160,000 **Automóviles**, el doble que Colombia y Perú, el triple que Chile y 30 veces más que Ecuador; era el país de habla Hispana con más vehículos per cápita (uno por cada 39 habitantes), y ocupaba el primer lugar en **Aparatos Electrodomésticos** y en **Líneas Férreas** por kilómetro cuadrado. Exportaba 40% más de lo que importaba.
11. Según la UNESCO, Cuba era una de las tres economías Hispanoamericanas más **solventes** por sus reservas de oro y de divisas y por la estabilidad del peso Cubano, a la par con el dólar año tras año.
12. Cuba tenía aproximadamente la misma **tasa de alfabetización** que Costa Rica y Chile en 1950 (cerca del 80%). En cuanto a alfabetización, El Salvador tenía una tasa de alfabetización inferior al **40%** en 1950, pero hoy tiene el **88%**. Brasil y Perú tenían una tasa de alfabetización de menos del **50%** en 1950, pero hoy Perú tiene el **94,5%**, y Brasil el **92,6%**. La República Dominicana tenía el **40%** y hoy tiene el **91,8%**. Todos esos países lo lograron **sin la desventura de una revolución Comunista**.
13. En 1957, Cuba tenía una **mortalidad infantil** menor que la de **Francia, Bélgica, Alemania occidental, Israel, Japón, Austria, Italia, España**, y **Portugal**.
14. Cuba en 1957 tenía tantos **médicos y enfermeras** per cápita como los **Países Bajos**, y más que **Gran Bretaña** o **Finlandia**, según la UNESCO. En 1957 la economía Cubana incluía proporcionalmente **más trabajadores sindicalizados** que los Estados Unidos, y los salarios promedio de una jornada de ocho horas eran más altos que en **Bélgica, Dinamarca, Francia y Alemania**."
15. Por otra parte, sin "*revolución Comunista*," Cuba no habría perdido tanto **talento humano** con el exilio de dos millones de ciudadanos

con un valiosísimo *know-how* multifacético, incluyendo **ingenieros, profesores, médicos, arquitectos, economistas, tecnólogos, científicos, artistas, intelectuales** y **hombres de negocios** que comenzaron a perderse en 1959.

16. A ningún estudioso serio del mundo intelectual Cubano se le ocurriría **comparar** a **Enrique José Varona** y **Manuel Sanguily** con **Mella, Martínez Villena** o **de la Torriente Brau**, que eran simplemente activistas políticos de inclinaciones Marxistas.

17. **Alicia Alonso** fue siempre considerada en Cuba por sus representaciones en las grandes obras del ballet clásico y romántico, que incluyeron una vivaz y precisa **Giselle** y su sensual y trágica **Carmen**. En 1939 se unió a **George Balanchine**, luego al **American Ballet Theater**; en 1948 fundó la **Compañía de Ballet Alicia Alonso** en La Habana, y en 1955 se unió al **Ballet Ruso de Monte Carlo**, que la llevó a ser la primera ballerina de occidente invitada al mundo del Ballet Ruso. Su talento siempre fue respetado por los Cubanos desde su debut en 1932 en el **Teatro Auditórium** de La Habana. Alicia fue siempre Comunista pero nunca dependió del partido para triunfar.

La **página 309** termina con una larga diatriba sobre *"la penetración cultural del imperialismo yanqui... una deformación cultural con el objetivo de justificar su dominación sobre nuestro país... mediante el control de los medios masivos de difusión: la* **radio***, la* **TV** *y el* **cine***... que nos imponían una avalancha de ritmos musicales como el* **Charleston***, y el* **Rock and Roll***... las aventuras policíacas como* **Supermán***... y las revistas como* **Life** *y* **Selecciones***... todas con el objetivo de presentar las "maravillas" del mundo capitalista...mientras muchas palabras fueron sustituidas innecesariamente por vocablos en Inglés... tras la apertura de colegios y academias norteamericanos... incrementando la deformación socio-cultural y el sometimiento al amo yanqui..."*

[A eso respondió Cuba] *"...despertando e informando al pueblo por medio de] la Caricatura:...***Liborio***, el* **Bobo** *de Abela, el* **Loquito** *de Zig-Zag,* **Pucho** *del semanario Mella y* **Julito 26** *en las publicaciones desde la Sierra Maestra..."* [a lo cual el libro añade...] *"... a pesar de la injerencia norteamericana y los estilos de tendencias extranjeras, hubo intelectuales y artistas que supieron impulsar los elementos nacionales... y encontrar en la cultura las armas para combatir los males de una República carcomida por la penetración y el dominio imperialista..."*

Estos comentarios, más que indicar el entorno cultural Cubano de los años 1950s, demuestran claramente la **puerilidad intelectual** de las autoras del libro de **Historia de Cuba**, las Sras. **Valdés López, Albelo Ginnart** y **Gallo González**, miembros del *"colectivo de autores"* encargado de publicar los libros de texto para la educación secundaria de la Cuba Comunista.

A eso seguían falsedades como *"la cifra de* **analfabetos** *en el país era casi infinita... la educación era un* **privilegio***... las universidades no prepa-*

Planta de la **NICARO**

Los días difíciles pero felices en Cuba, con **prosperidad**, una **Alicia Alonso** apolítica, numerosas **revistas** y **periódicos** de todas partes del mundo, **Pedro Vargas, Jorge Negrete,** cientos de artistas visitantes, y el **Cabaret Regalías** ¡...la noche de los miércoles...!

raban sus egresados para emprender el **desarrollo del país**...la **difusión de las ciencias** era un hecho desconocido..."

El capítulo final del libro comienza reclamando que "...*el poder revolucionario desintegró inmediatamente el aparato estatal burgués... desarmó al ejército, la policía y los instrumentos de la oligarquía y del imperialismo... sustituyéndolos por el Ejército Rebelde y la Policía Revolucionaria... disolvió los partidos políticos cómplices de la tiranía... y los órganos represivos del poder como el BRAC, la Policía Secreta y las bandas paramilitares... depuró el aparato judicial, sustituyó los Tribunales de Urgencia por Tribunales Revolucionarios que aplicaron la justicia a los criminales de guerra... confiscó los bienes malversados... liquidó la burocracia sindical Mujalista... eliminó el latifundio... erradicó el subdesarrollo... creó las granjas del pueblo... luchó por el rescate de la soberanía nacional... mientras creaba un nuevo Estado...*"

"*...todo lo cual fue seguido por la hostilidad creciente del imperialismo y las primeras acciones contrarrevolucionarias de los yanquis... que brindaron protección y asilo a decenas de esbirros y politiqueros del batistato... mientras la justicia revolucionaria procedía ejemplarmente al castigo de asesinos y torturadores y desataba una abierta campaña anticomunista con falsas ideas sobre la patria potestad, la supresión de la propiedad, la prohibición de la libertad de religión... con el objetivo de crear una histeria colectiva y el éxodo masivo del país...*"

"*... la prensa reaccionaria [estaba] en manos de la burguesía... el* **Diario de la Marina**, **Prensa Libre**, **Excelsior**, **El País**... *desaparecieron cuando sus propietarios burgueses abandonaron el país... los batistianos, los garroteros nutrieron numerosas organizaciones contrarrevolucionarias para sabotear la economía... en contubernio con la* **CIA**... *los Estados Unidos aumentaron sus presiones diplomáticas y comenzaron las primeras agresiones contra nuestro país... embargaron los fondos bancarios Cubanos depositados en los Estados Unidos...* **Pedro Luis Díaz Lanz** *desertó la jefatura de la Fuerza Aérea Revolucionaria...* **Huber Matos** *organizó un movimiento sedicioso en Camagüey... mientras el carácter radical de las medidas populares de la Revolución irritaba a la burguesía nativa y al propio imperialismo...*"

"*... finalmente, el 28 de Septiembre de 1960, en una enorme concentración frente al antiguo Palacio Presidencial, surgió la organización que fortalecería la vigilancia frente a las agresiones del enemigo: los* **Comités de Defensa de la Revolución (CDR)**... *¡La confianza que la Revolución tenía en el pueblo quedaba reafirmada!...*"

"*... de importancia decisiva fue el apoyo solidario de la* **Unión de Repúblicas Socialistas Soviéticas (URSS)**, *que reconoció el 11 de Enero de 1959 al gobierno revolucionario y en Agosto adquirió 500,000 toneladas de azúcar Cubana al precio del mercado mundial... cuando a mediados del año los Estados Unidos anunciaron suspender la compra de azúcar Cubano...*"

"... muy cercano estaba ya el día en que se proclamaría el carácter socialista de la Revolución Cubana, el 16 de Abril de 1961..."

Las **páginas** finales del libro, de la **310** a la **359**, son un infundado y estéril intento de reclamar "**grandes logros**" al medio siglo del establecimiento del Comunismo en Cuba.

¿Qué se puede responder eso? Los Cubanos, dentro y fuera de Cuba, siguen esperando que el gobierno cumpla las promesas que hizo —y las esperanzas que sembró— en 1959.

Desde sus inicios en 1959, el gobierno Cubano ha reprimido cruelmente **cualquier manifestación política** por parte de sus opositores, ignorando las presiones internacionales a favor de un proceso incruento, transparente y justo. La policía Cubana **irrumpe en las viviendas** de los activistas, **confisca propiedades, golpea y arresta a todos los disidentes** e ignora las protestas silenciosas de docenas de activistas cuando se han declarado en **huelga de hambre**.

Los **estantes vacíos** son típicos y comunes en todo tipo tiendas Cubanas, desde bodegas, bares y carnicerías, hasta farmacias, tiendas de ropa, y hospitales. La **escasez** es el instrumento más fuerte de **control** de las multitudes Cubanas. Los economistas lo atribuyen a una mala administración centralizada, pero **mantener al pueblo ocupado** buscando comida, ropa, y medicinas, es una forma de evitar que se **entreguen a la reclamación de sus derechos**. Para la búsqueda de lo esencial, los Cubanos tienen que deshacerse de gran parte de sus **escuálidos salarios** que reciben del estado, frecuentemente menos de un dólar al día, pagando precios astronómicos por las provisiones si las logran encontrar en el **mercado negro**.

La principal exportación Cubana bajo el régimen Marxista-Leninista, son los **médicos**. El gobierno recibe unos **US$16** millones de los salarios que reciben los profesionales de la salud que trabajan en misiones médicas en el extranjero, 17 misiones en el Caribe, 6 en América Latina, 11 en África, 5 en Europa y el Medio Oriente, que hasta el 2020, han realizado **14.5** millones de operaciones quirúrgicas, y **4.5** millones de partos. Todo eso mientras entre 1997 y 2017 "*desaparecieron*" progresivamente en Cuba unas **20,000 camas** hospitalarias y **182** hospitales, entre ellos los **62** rurales que existían en el país, y más de **7,000** Consultorios Médicos familiares. En las **21** Escuelas de Medicina en Cuba, al recibir el diploma, los graduados ingresan en la categoría de **ciudadanos con restricciones para salir del país**, de modo que el **título** que les ha costado tantas horas de estudio se convierte en un **grillete**. *Solo hay algo peor que ir a una misión: negarse a ir.*

Los **medios informativos independientes** (BBC y CNN internacional, por ejemplo) solo existen en Cuba en la **Internet**; el acceso es prohibitivamente caro para la mayoría de los Cubanos. Unas pocas charlas por **Skype** con familiares en el extranjero, pueden llegar a costar el 25% del salario de un trabajador. Los usuarios logran "*descuentos*" si utilizan los "*dominios*" aprobados pero censurados por el gobierno.

Finalmente, los músicos, artistas y escritores famosos de Cuba, son sujetos a las licencias del **Decreto 349** del 2018, bajo **Díaz-Canel**, que les obliga a conseguir permiso del gobierno para actuar, vender o exhibir sus trabajos; de no hacerlo tienen que enfrentarse a hostigamientos y detenciones arbitrarias, incluyendo el regreso a Cuba si han salido al exterior a ejercer sus talentos.

Colofón

¿Puede un libro considerarse un legítimo estudio historiográfico de Cuba cuando las referencias y fuentes de información que utiliza son de dudoso valor? A continuación se presenta una síntesis de las fuentes de información que se ofrecen en el libro **Historia de Cuba** de la Editorial Pueblo y Educación:

Historiadores Cubanos reconocidos[18] que no aparecen como referencias en el libro Historia de Cuba de la Editorial Pueblo y Educación:
Antonio Bachiller y Morales, Armando Álvarez Pedroso, Emeterio Santovenia Echaide, Eusebio Leal Spengler, Fernando Ortiz Fernández, Herminio Portell Vilá, José Antonio Saco, José Giraldo Vega Suñol, Juan J. Remos Rubio, José María Chacón y Calvo, Levi Marrero y Artiles, Manuel Fernández Carcassés, Manuel M. Fraginals, Justo de Lara, Óscar Zanetti Lecuona, Rafael Rojas, y Tomás Romay.

Historiadores Cubanos reconocidos que aparecen cinco o menos veces como referencias:
Emilio Roig de Leuchsenring, Fernando Figueredo Socarrás, Fernando Portuondo del Prado, José Miró Argentier, José A. Tabares del Real, José Luciano Franco, Mario Mencía Cobas, Olga Cabrera, Oscar Pino Santos, Pedro Álvarez Tabio, Juan Pérez de la Riva, Philip S. Foner, Ramiro Guerra, Raúl Roa, y Salvador Bueno Menéndez.

Frecuencia con que se acreditan como fuentes de información ciertos personajes políticos sin credenciales como historiadores:
Blas Roca Calderío, (3 veces), Camilo Cienfuegos, (1), Carlos Rafael Rodríguez, (10, Ernesto Che Guevara, (5), Faure Chomón Mediavilla, (1), Faustino Pérez Hernández, (2), Fidel Castro Ruz, (23), Julio Antonio Mella, (3), Osvaldo Dorticós, (3), Raúl Castro, (3), y Raúl Roa, (2).

Referencias provenientes de organizaciones del gobierno Marxista:
Partido Comunista de Cuba, (19), Fuerza Aérea Cubana, (6), Movimiento Obrero Cubano, (9).

---

[18] La fuente principal de reconocimiento de un historiador es la membresía en la **Academia de la Historia de Cuba**, o en la **Academia de la Historia de Cuba en el Exilio**. La primera **Academia de la Historia de Cuba** (**AHC**) fue fundada en 1910 y abruptamente clausurada en 1959. Un siglo después de haber sido creada, en 2010, los Marxistas Cubanos decidieron "*resucitarla*", pero de modo muy distinto a sus honorables orígenes. La **AHC** original era un ejemplo de **diversidad pluralista, donde convivían civilizadamente todas las doctrinas y credos**; la segunda, que opera hoy en Cuba, lamentablemente, es **una especie de pilastra amordazada, obediente, y forzosamente mono-ideológica**. Numerosos historiadores Cubanos han preferido ser iniciados en los últimos años en la **Academia de la Historia de Cuba en el Exilio,** una noble emulación de la Academia original que por medio siglo congregó a grandes historiadores Cubanos de la Cuba republicana.

¿Quién fue realmente Fidel Castro?

Fidel Castro fue toda su vida un cobarde que siempre supo escabullirse de responsabilidades, un gánster vicioso, un traidor tortuoso y engañoso, un dictador despiadado y brutal y un tirano Marxista en la peor tradición de **Joseph Stalin** y **Lavrenti Beria**.

En su historia hay muchos episodios recurrentes que muestran su cobardía. Afiliado a grupos gansteriles en la Universidad de La Habana, supo **culpar a otros** de agresiones y asesinatos a rivales que le hacían sombra, pero no sin **posar para la prensa** enfrentándose a las autoridades; en el ataque al Moncada **no entró ni disparó un solo tiro** dentro de la fortaleza, pero se aseguró de la **protección del Arzobispo** de Santiago mientras los jóvenes que había reclutado morían en la acción; en el desembarco del Granma en Oriente **sobrevivió ya en tierra firme** mientras 60 de sus 72 reclutas se enfrentaban al ejército y eran diezmados; en la Sierra Maestra se mantuvo **siempre en la retaguardia** sin correr riesgos y jamás estuvo en peligro; al caer Batista **aprobó cientos de fusilamientos** pero protegió su imagen y dejó que **la deshonra cayera** en Raúl Castro y Ernesto Guevara; en las acciones de Playa Girón **nunca se alejó de un tanque** mientras los soldados a su mando se enfrentaban al peligro; en África **nunca corrió riesgo alguno** mientras 10,000 soldados Cubanos morían en una aventura sin sentido; en Cuba, mientras el pueblo pasaba hambre y necesidades, **vivió en el confort** de 19 residencias de lujo, cotos de caza e islas pesqueras que supo proteger con vidas y fondos de sus enormes escoltas. Al morir Fidel Castro, su hermano Raúl y otros de sus serviles colegas, **se vengaron** de los abusos y menosprecios del "*jefe máximo*," creando el mito de que "**Fidel no quiso que su nombre se usara para monumentos, calles o parques**..."

Fidel Castro nació en 1926, en Birán, cerca de Mayarí, Oriente, el tercer hijo ilegítimo de **Lina Ruz**, una criada de la familia de su padre **Ángel Castro.** Este era un trabajador agrícola y miembro del ejército Español que se hizo rico a través de muchos negocios cuestionables y corruptos que incluyeron la explotación y el trato despiadado de los inmigrantes haitianos, el traslado de cercas limitantes de sus propiedades agrícolas (por lo que fue encausado en más de una ocasión) y la participación sin escrúpulos en muchas hazañas ilegales. Fidel Castro nunca negó la corrupción de su padre, particularmente por sus conocidos sobornos, la compra-venta de votos o el chantaje de políticos y jueces para asegurar ventajas comerciales deshonestas.

En 1946, siendo estudiante universitario, el joven Fidel Castro debutó en la vida política de Cuba como un posible líder estudiantil dentro de la cultura del **gansterismo** violento de la Universidad de La Habana. Castro fue recibido por grupos estudiantiles armados (sobre todo la **Unión Insurreccional Revolucionaria (UIR),** con la que pasó gran parte de su tiempo luchando y dirigiendo empresas criminales. Estuvo involucrado en manifestaciones viciosas en las que los manifestantes se enfrentaron con la policía antidisturbios, y fue acusado de asesinar a un líder rival en la **Federación de Estudiantes Universitarios de la Universidad (FEU)**. Su ambición lo llevó en 1948 a Bogotá, Colombia, donde los estudiantes protestaban por el asesinato del líder socialista **Jorge Eliézer Gaitán**, ex Alcalde de Bogotá y presidente de la *Universidad Libre de Colombia*.

Sin embargo, sus muchas hazañas brutales en la Universidad palidecen en comparación con su **ataque siniestro** el 26 de Julio de 1953, al *Cuartel Moncada* del ejército Cubano en Santiago de Cuba. Ese día alistó a más de cien jóvenes (sólo 4 eran compañeros universitarios, todos los demás solo tenían educación primaria). La edad promedio de los insurgentes era de 26 años, con 9 de ellos en la adolescencia; la mayoría de ellos blancos, excepto dos negros y 12 mulatos. Sus armas fueron suministradas por el *Partido Comunista de Cuba*, aunque nunca lo quiso confirmar. El ataque tuvo lugar a las 5:15 a.m. El resultado final del ataque del 26 de Julio fue: Quince soldados y tres policías fueron asesinados, y 23 soldados y cinco policías resultaron heridos. Nueve rebeldes murieron en combate y 11 resultaron heridos, cuatro de ellos por fuego amigo. El relato de Castro sobre el ataque fue diferente.

«... cinco insurgentes muertos en la lucha, y 56 fueron ejecutados más tarde por el régimen de Batista. Dieciocho de los rebeldes capturados fueron ejecutados en el campo de tiro de armas pequeñas del Moncada dentro de las dos horas posteriores al ataque. Sus cadáveres estaban esparcidos por toda la guarnición para simular la muerte en combate. Treinta y cuatro rebeldes que huyeron capturados durante los siguientes tres días fueron asesinados después de admitir su participación ... »

El verdadero costo humano del ataque nunca se aclaró. Lo que se confirmó fue que Castro **no había disparado ni un solo tiro** y escapó a las montañas cercanas. Pidió la ayuda de Mons. Enrique Pérez Serantes, Arzobispo de Santiago de Cuba y, a través de su intervención, Castro salvó su vida al rendirse en manos de su Eminencia poco después.

Después de algún tiempo en el Presidio de Isla de Pinos, Fidel Castro salió de Cuba el 5 de Julio de 1955 y se fue a México. Mientras estuvo allí, leyó muchos artículos hostiles que aparecían en los medios Cubanos, particularmente la revista **Bohemia**. Su director, **Miguel Ángel Quevedo**, atacó la posición arrogante de Castro que planteaba que solo él sabía lo que era bueno para Cuba. Además, acusó a Castro de **hipocresía** y doble trato, sugiriendo que sus recaudaciones de fondos en Nueva York habían sido solo un medio para llenarse los bolsillos. Castro estaba furioso. Insistió que no había gastado sus fondos en indulgencia personal, sino para comprar armas. Obtuvo millones para armas de muchos exiliados, incluido el ex presidente **Carlos Prío**, quien acordó dar a Castro 50,000 dólares casi de inmediato, en 1956, con otros 50,000 dólares a seguir.

Como todos sabemos, Castro, a bordo del **Yate Granma**, (a propósito, financiado por Carlos Prío), desembarcó en Oriente Cuba, el 2 de Diciembre de 1957, en lo que fue más un **naufragio** que una invasión. Finalmente, su aventuró en la Sierra Maestra, y el 9 de Enero de 1959, después de derrotar el ejército desmoralizado de Batista **entró en La Habana**. Fue recibido con campanas de iglesias, silbatos de fábricas, sirenas de barcos y saludos de las Fuerzas Navales. Fue al Palacio Presidencial y se dirigió brevemente al público desde un balcón, pero mantuvo su gran discurso para el **Campamento Militar de Columbia**.

Hasta la semana anterior, Diciembre de 1958, el acceso a la gran base militar había sido estrictamente controlado. Ahora, el 9 de Enero, en un gesto muy dramático y simbólico, miles de civiles ingresaron a la base para escuchar el discurso de Castro. En un truco preparado, mientras hablaba se soltaron palomas blancas con los buches llenos de municiones, que simbolizaban la paz, y una de ellas se acomodó en su hombro. Convenció a muchos Cubanos de que Castro era un hombre favorecido por Dios, o los santos, o los espíritus afro-caribeños tan populares en Cuba. Su discurso fue más el de **un ser ungido** que el de un cabecilla triunfal.

«... el futuro no será fácil. El peligro vendrá de las divisiones dentro de la Revolución. Nuestros líderes no son genios, pero somos honestos y haremos nuestro mejor esfuerzo ... "

Fue esa una promesa que no tenía intención de respetar. Para empezar, sin nombrar a ningún miembro del **Directorio Estudiantil**, Castro comenzó a **catequizar** a la multitud contra ellos.

«... algunas personas han incautado armas de una base militar que está bajo el mando del Ejército Rebelde. Las armas deberían devolverse a los cuarteles donde pertenecían. ¿Por qué se han tomado estas armas? ¿Para qué se necesitan? ¿Contra quién van a ser utilizados? ... »

Por medio de la presión de la opinión pública, Castro pudo echar a un lado al **Directorio Estudiantil** sin recurrir abiertamente a la fuerza. Fue su único intento de persuasión. A partir de ahí, durante los siguientes 50 años, cuando las masas se rebelaron como lo hicieron, recurriría a la violencia, las ejecuciones, los encarcelamientos y los ataques físicos... a cualquiera que se atreviera a desafiar o contradecir cualquiera de sus demandas.

El 26 de noviembre de 2016, en un artículo sobre la muerte de Castro, *The Boston Globe* denunció la historia criminal de la toma de posesión de Cuba por parte de Castro:

«... Recomendó que la Unión Soviética lanzara un ataque de armas nucleares en un primer ataque contra los Estados Unidos ... envió tropas de tanques para pelear una guerra en el lado de Argelia contra Marruecos ... envió a Ernesto Che Guevara a pelear guerras insurreccionales infructuosas en el Congo en 1965 y en Bolivia en 1967 ... desplegó 300,000 tropas Cubanas en guerras en Angola y Etiopía ...»

Pero eso fue poco comparado con lo que hizo a los Cubanos. Continuó el *Boston Globe*...

«*Castro fue un dictador que abusó de su poder y cometió crímenes en nombre de la revolución, la patria, la soberanía nacional y el socialismo ... durante la década de 1960, encarceló a decenas de miles de prisioneros políticos y los mantuvo en la cárcel bajo condiciones degradantes durante más tiempo que los dictadores militares sudamericanos más represivos ... sus políticas económicas llevaron a la bancarrota a la economía Cubana ... envió a más de dos millones de Cubanos al exilio a los Estados Unidos y a casi todos los países del planeta ... sus esfuerzos no condujeron a nada más que a la muerte y a una crueldad sin sentido ...*

Durante el medio siglo que lideró la Revolución Cubana, 3,166 personas fueron asesinadas y otras 1,166 fueron ejecutadas extrajudicialmente ... más de 2,000 presos de conciencia Cubanos murieron en sus prisiones ... en total, encarceló a más de 20,000 personas por expresar su desacuerdo con el Comunismo... en el momento de su muerte en 2016 fue el déspota que más tiempo se mantuvo en el poder... sin embargo, todo esto fue solo el tope del iceberg ... más de 97,000 Cubanos perdieron la vida tratando de escapar del régimen de Castro y llegar a las costas de los Estados Unidos ... »

La historia de delincuencia de Fidel Castro en fotografías.

Las primeras dos fotos son la ficha policíaca de **Fidel Castro**, acusado del asesinato de **Manolo Castro** (no emparentado con Fidel Castro), el Domingo 22 de Febrero de 1948 cerca de la medianoche, en la esquina de las calles San Rafael y Consulado, en la Habana, a la salida del cine conocido con el nombre de *Cinecito*. **Manolo Castro** se desempeñaba como Director del Instituto de Deportes del *Ministerio de Educación de Cuba*. Según Fidel Castro, lo mataron miembros de la *Unión Insurreccional Revolucionaria (UIR)*, pandilla a la que pertenecía Fidel Castro, en represalia por la masacre de Orfila en la que resultó asesinado el líder de la UIR, **Emilio Tro**. Durante el entierro de Manolo Castro, los oradores **Alfredo Yabur Maluff** y **Eduardo Mariano Corona** Zayas acusaron de asesino a **Fidel Castro**.

Las segundas dos fotos, son la ficha policíaca de **Fidel Castro** cuando fue hecho prisionero tras su organización del asalto al **Cuartel Moncada**, sede del regimiento número 1 «Antonio Maceo,» en la ciudad de Santiago de Cuba. Castro no participó en el ataque ni disparó un solo tiro. Huyó a las montañas de la Sierra Maestra, de donde fue rescatado por **Mons. Enrique Pérez Serantes**, Arzobispo de Santiago de Cuba.

Las dos siguientes fotos son fichas policíacas de Fidel Castro cuando fue arrestado en la esquina de las calles Emparan y Puente de Alvarado, en Ciudad México por las autoridades Mexicanas. Castro le ofreció US $50,000 al policía que lo detuvo, **Fausto Max Morales,** tratando de sobornarlo. Max Morales lo condujo a la oficina de la Dirección Federal de Seguridad (DFS), la temida policía política Mexicana organizada por el presidente **Adolfo Ruiz Cortines** en la segunda mitad del siglo XX. Al ser interrogado por la policía Castro reveló el escondite donde se amparaban **Ernesto (Che) Guevara** y **Alberto Bayo,** el ex militar Español que entrenaba a guerrilleros en México en una vieja hacienda conocida como **Rancho Santa Rosa** en el municipio de **Chalco**, al este de Ciudad México.

Las dos fotos inferiores muestran a Fidel Castro durante su detención en la **Dirección Federal de Seguridad (DFS),** de Ciudad México en 1956.

Fotos adicionales de **arrestos de Castro en Cuba y Colombia** se muestran en la página siguiente:

Fidel Castro cuando fue detenido por el Jefe de la Policía Cubana, **General Quirino Uría** por organizar desórdenes, asaltos y agresiones en la *Universidad de La Habana* en la calle San Lázaro, frente a la escalinata de la universidad en 1950.

Dos fotos del interrogatorio en los cuarteles del Ejército Cubano en 1953, tras el asalto al **Cuartel Moncada** en Santiago de Cuba el 26 de Julio de 1953.

Una foto en las calles de Bogotá al ser parte de los disturbios del 9 de Abril de 1948 (el **Bogotazo**).

La portada de la Revista Parisina **Paris Match** mostrando a **Castro** ejecutando un prisionero en la *Sierra Maestra*, en 1958.

Finalmente, **Castro** detenido en **Cienfuegos**, Cuba, por alteraciones al orden público el 13 de Noviembre de 1950.

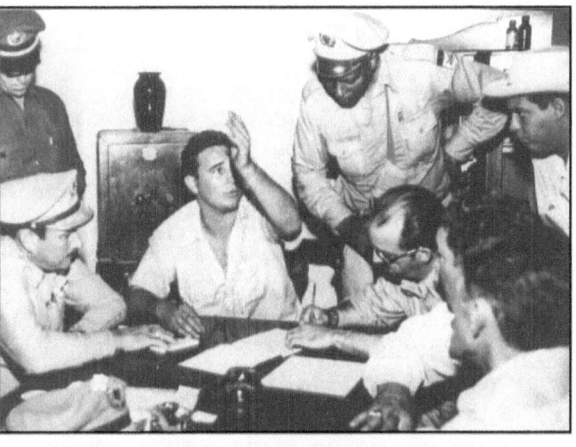

El **Fidel Castro** que muchos Cubanos no conocen...

¿Quién fue realmente Ernesto Guevara?

Ernesto *Che* Guevara (Rosario, Argentina, 1928-Higueras, Bolivia, 1967), nació en el seno de una familia burguesa, aristocrática y acomodada de Argentina, que era a la vez **Peronista** y de ideas **izquierdistas**. Nació circunstancialmente en Rosario, trasladándose a las pocas semanas a la casa señorial de la familia en Buenos Aires. Sus padres fueron **Ernesto Guevara Lynch** y **Celia de la Serna.** desde pequeño Ernesto sufría ataques de asma y, por recomendación médica, en 1932 la familia se mudó a las sierras de la provincia de Córdoba. En la biblioteca de la familia, encontró obras de Marx, Engels y Lenin, con los que se familiarizó en su adolescencia. En 1948, Ernesto Guevara entró a la Facultad de Medicina de la Universidad de Buenos Aires, motivado en primer lugar por su propio padecimiento de **asma** y luego desarrollando un especial interés por la **lepra**. Su militancia izquierdista le llevó a participar en la oposición contra **Juan Domingo Perón**, contraviniendo los deseos de una buena parte de su familia; En 1952, emprendió una jornada de siete meses con su amigo **Alberto Granado**, recorriendo el sur de Argentina, Chile, Perú, Colombia y Venezuela. El viaje incluyó visitas a minas de cobre, poblados indígenas y **leproserías**, representando una vivencia íntima y profunda de las desgracias padecidas por los pueblos de la región, las que Ernesto atribuía sobre todo a lo que creía era la omnipresencia del **imperialismo norteamericano**. Regresó a Buenos Aires decidido a terminar la carrera y en Abril de 1953 recibió el título de Médico. En Julio de ese año inició su segundo viaje por América Latina, el que lo llevó a Bolivia, Perú, Ecuador, Colombia, Panamá, Costa Rica, El Salvador y Guatemala, donde se terminó instalando por algunos meses. A cada paso, **Guevara** iba reafirmando su mente **revolucionaria y antiimperialista**, a la vez que empezaba a tomar parte en diversos movimientos contestatarios, experiencias que lo inclinaron definitivamente hacia el **Marxismo**.

En 1955 Guevara conoció en México a Fidel Castro, a su hermano Raúl Castro, y a Camilo Cienfuegos y Juan Almeida, que preparaban una expedición revolucionaria a Cuba. Muy pronto se unió al grupo como Médico y desembarcó con ellos en Cuba en 1956. Instalada la guerrilla en la **Sierra Maestra**, Guevara se convirtió en **lugarteniente** de Fidel; fue líder de una de las dos columnas que salieron de las montañas orientales hacia el oeste para llevar la revolución a la isla, y participó en una importante batalla por la toma de Santa Clara (1958), finalmente entrando en La Habana en 1959.

En 1959 Ernesto Che Guevara recibió la nacionalidad Cubana y siguió siendo la mano derecha de Fidel Castro en el nuevo gobierno de Cuba. Fue nombrado Director del **Instituto de Reforma Agraria** (1959), **Presidente del Banco Nacional** (1960) y posteriormente **Ministro de Industria** (1961), siempre desempeñando simultáneamente otras tareas de carácter militar, político y diplomático.

En sus viajes alrededor del mundo conoció a **Gamal Abdel Nasser**, **Jawaharlal Nehru**, **Sukarno**, **Josip Broz Tito**, diversos dirigentes soviéticos y a los chinos **Chu En-Lai** y **MaoTse-Tung**.

Su afición al poder, a codearse con gente importante, y su creencia de ser tan carismático o más que Fidel Castro, lo llevó a **sentirse desvalorizado en Cuba** y decidió dejar de ser la sombra del caudillo Cubano y en 1965, en secreto, se marchó al Congo, donde trató de brindar apoyo del movimiento revolucionario en marcha, convencido de que nadie mejor que él podía dirigir la acción insurreccional armada contra el imperialismo.

Relevado de sus cargos en el Estado Cubano, y creyéndose convertido en una figura inspiradora para las multitudes Cubanas, pero indeseable para los Castro, el *Che* Guevara volvió a Iberoamérica en 1966 para lanzar una revolución que esperaba fuese de trascendencia continental; convencido de la **posición estratégica de Bolivia**, eligió aquel país como centro de operaciones para instalar una guerrilla que pudiera irradiar su influencia y carisma hacia **Argentina**, **Chile**, **Perú**, **Brasil**, y **Paraguay**. Al frente de un pequeño grupo intentó poner en práctica su teoría, según la cual no era necesario esperar a que las condiciones sociales produjeran una insurrección popular, sino que podía ser la propia acción armada la que creara las condiciones para que se desencadenara un movimiento revolucionario; tales ideas quedaron recogidas en su libro *La guerra de guerrillas* (1960).

Sin embargo, su acción no encontró apoyo en las masas Bolivianas. Su grupo, que había bautizado como el **Ejército de Liberación Nacional** con algunos Comunistas Bolivianos y unos cuantos veteranos Cubanos de Sierra Maestra no muy adictos a los Castro, se encontró con una **total falta de apoyo del campesinado**, ajenos por completo a los sueños de Guevara. Sin respaldo popular alguno, ni citadino ni rural, y con el rechazo de los Comunistas Bolivianos, a Guevara se le vino el mundo encima. Aislado en una región selvática en donde se agudizó su dolencia asmática, Guevara cayó en una emboscada tendida por un exmilitar Cubano anticomunista trabajando con el ejército Boliviano en el Valle Grande, y allí fue herido, apresado, encausado extrajudicialmente, ultimado, el 8 de Octubre de 1967, y enterrado en secreto. No fue sino hasta 1997 que sus restos pudieron ser localizados, exhumados y trasladados a Cuba, donde los Castro **usurparon y malversaron su carisma** al erigirle una elaborada escultura en la antigua Plaza Cívica y un póstumo monumento en las afueras de Santa Clara.

Por ser un personaje impugnado y debatible, no existen homenajes oficiales, ni monumentos o estatuas del Che Guevara en la Argentina, excepto en **Rosario**, su ciudad natal, y en **Alta Gracia**, Provincia de Córdoba, donde la familia vivió por 11 años; si hay un museo, una biblioteca, y un bar en **Caraguatay**, Paraguay, donde Guevara pasó su infancia.

Puede decirse que de Guevara sólo quedan las **camisetas** que aun hoy ostentan los revolucionarios que no se atreven a ir, ni acercarse aiquiera, a ningún frente de lucha guerrillera donde corran peligro.

Fotos de Ernesto Che Guevara:
En los días de **México** cuando conoció a Fidel y Raúl Castro.
Fusilando guajiros Cubanos en la **Sierra Maestra**.
En Bolivia con **Félix Rodríguez**, el Cubano anticomunista que lo capturó.
Alberto Korda, el fotógrafo que lo hizo famoso.

¿Quién es realmente Raúl Castro?

La historia de **Raúl Castro**, igual que la de su medio hermano **Fidel**, comienza a finales del siglo XIX cuando emigra a Cuba **Ángel María Bautista Castro Arguíz**, un aldeano gallego reclutado por el ejército Español para la Guerra del '95 en Cuba. Repatriado a España en 1898, Castro Arguíz volvió a Cuba a finales de 1899, abrió una bodega en **Guaro**, cerca de Holguín, y se casó con **María Luisa Argota Reyes**, con quien tuvo cinco hijos. Con el tiempo María Luisa se radicó con sus hijos en Mayarí, mientras que Ángel se estableció en **Birán**, a unos 50 kilómetros.

En Birán, Ángel Castro fue capataz de la compañía estadounidense **United Fruit** y luego creó una pequeña empresa agropecuaria y comenzó a adquirir tierras para arrendarlas. A los 40 años conoció a **Lina Ruz**, su segunda esposa, entonces de 19 años y con quien tuvo siete hijos, entre ellos Fidel y Raúl.[19] Ángel Castro llegó a poseer **11 mil hectáreas de tierra** dedicadas al cultivo de madera, caña de azúcar y ganado y edificó varias de las instalaciones del pueblo, muriendo dos meses antes de que Fidel y Raúl llegaran a Cuba desde México en la expedición del yate **Granma**.

Lina Ruz González nació el 23 de Septiembre de 1903 en Las Catalinas, un poblado del extremo occidental de Cuba, en el seno de una familia muy humilde. Durante su infancia, vivió en varios poblados hasta asentarse en Birán, donde el padre y el tío de Lina se convirtieron en empleados de Ángel Castro.

A los 19 años, Lina decidió irse a vivir con Ángel, quien aún no se había divorciado de su primera esposa María Luisa.

Raúl Castro es el más joven de los tres hermanos Castro; también tiene cuatro hermanas, **Angela**, **Juanita**, **Enma** y **Agustina**, y dos medio hermanos, **Lidia** y **Pedro Emilio**. Raúl fue siempre un Comunista convencido y se unió a la *Juventud Socialista*, afiliada al Partido Comunista Cubano de corte Soviético, por entonces llamado **Partido Socialista Popular (PSP)**.

Raúl Castro fue la mano derecha y la sombra de su hermano Fidel durante 47 años, hasta el año 2006, cuando la enfermedad de este lo catapultó al poder; en su infancia asistió al Colegio Dolores de los Jesuitas en Santiago de Cuba y posteriormente al **Colegio Belén** en La Habana. En 1953 asistió como delegado del **Festival Mundial de la Juventud y los Estudiantes** en Rumanía, y ese mismo año junto a su hermano, asaltó el

---

[19] Fidel nació siendo su madre **Lina** la cocinera y amante de **Ángel Castro**, aun en vida de su primera esposa. De Raúl se dice que el coronel **(Chino) Mirabal**, jefe de la Guardia rural de Birán, es su verdadero padre biológico, en medio de un desliz de Lina, basado en el escaso parecido de él con el resto de los Castro y en relatos de **Norberto Fuentes**, un escritor y periodista nacido en La Habana que fue muy amigo de Fidel Castro.

Cuartel Moncada en la ciudad de Santiago de Cuba, en el este de la isla. Fue arrestado y condenado a 13 años de cárcel. Comenzó a cumplir la condena en Isla de Pinos, y tras la amnistía general de 1955, se trasladó a México junto a Fidel, comenzando ambos a preparar el regreso en la expedición del yate **Granma**, que desembarcó en Oriente, Cuba, el 2 de Diciembre de 1956. Los rebeldes fueron atacados y diezmados por la aviación Cubana; Raúl y Fidel y otros 10 no ofrecieron resistencia y, abandonando sus compañeros, se refugiaron en la **Sierra Maestra**.

Al triunfo de la Revolución Cubana, desde 1959 hasta 1976, Raúl fue Vice-Primer Ministro, después de lo cual se convirtió en Vicepresidente del Consejo de Estado, siendo considerado como un **político de línea dura ideológica**. En 1961 pasó a formar parte de la Dirección Nacional de las Organizaciones Revolucionarias Integradas (ORI). Nombrado Viceprimer ministro en 1962, tras la salida de Ernesto Guevara, se convirtió en la segunda figura política del gobierno.

El 31 de Julio, 2006, Castro delegó sus funciones como Presidente del Consejo de Estado, Presidente de la Consejo de Ministros, Primer Secretario de la Partido Comunista de Cuba y el puesto de Comandante en jefe de las fuerzas armadas a su hermano Raúl. Esta transferencia de funciones estuvo en efecto mientras Fidel se recuperaba de la cirugía que fue sometido debido a una *"crisis intestinal aguda con sangramiento sostenido."*

En Diciembre de 1976 Raúl fue elegido por la **Asamblea Popular** Vicepresidente del Consejo de Ministros y Primer Vicepresidente del Consejo de Estado de Cuba (equivalente al de Vicepresidente de la República), cargos que mantuvo, junto a los de Ministro de Defensa y Segundo Secretario del Partido Comunista de Cuba.

Como parte de la Nomenclatura Comunista, Raúl se unió al grupo de dirigentes de Cuba que típicamente usaban maletines negros, con bolsillos en sus camisas donde sobresalían varios bolígrafos, ciñendo en sus muñecas, relojes Omega, Tissot o Rolex. Como todos sus colegas, Raúl siempre apoyó y ordenó **arrestos arbitrarios** y **detenciones** de defensores de derechos humanos y periodistas independientes, así como **detenciones preventivas** de personas para evitar que participen en marchas pacíficas o en reuniones políticas. Se dice en Cuba que han perecido en la isla más de 250 personas por causas imputables al gobierno de Raúl, lo que demuestra que como dictador designado sigue siendo el mismo hombre cruel y despiadado que fusiló a guajiros en la Sierra,[20] y a 84 oficiales del ejército y la Policía de Cuba en el campo de tiro de la Lo-

---

[20] Las fotos de **ejecuciones** en la Sierra Maestra tienen como protagonista a **Raúl Castro** disparando y a **Ernesto Guevara** o **Ramiro Valdés** dando el tiro de gracia. O a **Raúl Castro** vendando los ojos, **Fidel Castro** atando las manos de los fusilados, y el **Che Guevara** disparando. A Raúl, en especial, le gustaba fotografiarse con sus víctimas tal y como hicieron sus equivalentes Nazis en el pasado.

ma de San Juan en la madrugada del 12 de Enero de 1959, cuando tomó posesión de la ciudad de Santiago de Cuba el 1 de Enero de 1959.

Según declaraciones de sobrevivientes de la galera 8 del vivac de Santiago de Cuba, los 84 presos fueron sometidos a una **parodia de juicio** en la que los jueces eran los propios comandantes revolucionarios. El proceso duró cuatro horas, y **todos fueron condenados**, ejecutados en masa, y sepultados en fosas comunes. El testigo imputable de ese crimen fue un sacerdote Cubano, el Padre **Jorge Bez Chabebe**, que declaró a la prensa años después que *"fue un espectáculo dantesco que provocaba náuseas."*

Durante el proceso contra el comandante **Huber Matos**, Raúl Castro fue una especie de **Robespierre**, amenazando y coaccionando a Matos hasta que éste se le enfrentó. También trató de injuriar y desacreditar al abogado defensor **Francisco Loriet Bertot**. Sin embargo, su momento estelar antes de asumir todos los poderes en la isla, fue durante el "**Caso Ochoa**," un proceso en 1989 en el que fueron juzgados varios oficiales de alto rango y que resultó en la ejecución entre otros de **Arnaldo Ochoa** y **Antonio de la Guardia**; una purga que llevó a prisión o destitución de otros muchos militares, que solo cumplieron las ordenes que les había impartido la propia revolución.

En un mundo donde los militares se encargan de proteger a la nación de las amenazas externas, los Cubanos tienen unas Fuerzas Armadas cuya **primera función** es controlar a la población civil; un estilo gubernamental donde los uniformados están a cargo de la economía por medio Ministerio del Interior (MININT). En gran medida Raúl Castro ha sido el constructor de esta diabólica práctica.

Escena de un fusilamiento en la Sierra Maestra con Raúl y Fidel.

La prensa en Cuba en **Enero de 1959**; Raúl y Fidel en juergas y borracheras celebrando los **avances en Angola**, África; Raúl con **SS el Papa Francisco**; y la nueva amistad de Raúl en el 2016, **Barack Obama**.

¿Quién fue realmente Carlos Baliño?

Carlos Benigno Baliño y Valdés (o **López**, según otras fuentes), nació en 1848 en Guanajay, en el seno de una familia de clase media con cierta holgura económica, lo que le permitió cursar estudios en la Universidad de La Habana y también adquirir conocimientos acerca de las artes plásticas, en la Academia de San Alejandro. Cursó estudios de teneduría y arquitectura en su natal Guanajay, pero no los concluyó y desde muy joven sintió una verdadera vocación por escribir y dar a conocer sus ideas, por lo que comenzó a colaborar en algunas de las publicaciones que circulaban entonces en Cuba, entre ellas **El Fénix**, **La Crítica** y **El Alacrán**. Según narran algunos de sus recientes biógrafos, cuando ocurrió el levantamiento armado en el ingenio **La Demajagua,** que inició la Guerra de los Diez Años, su padre estuvo implicado en esas luchas, por lo que el joven **Baliño** tuvo que dejar sus estudios. Después de fracasar en sus intentos por encontrar trabajo en La Habana en pequeños *chinchales* de fabricar tabacos, se trasladó a Estados Unidos a fines de 1868 o principios de 1869, y partió hacia los Estados Unidos, debido a la intensa represión existente. Al llegar a ese país vivió en **Nueva York** y después en **Tampa** y **Cayo Hueso,** donde fue tabaquero y redactor del periódico **La Tribuna del Pueblo**.

Según **Carlos Ripoll**, uno de los grandes historiadores Cubanos y estudiosos de José Martí del presente siglo, el resto de la biografía de **Carlos Baliño** ha sido producto de la imaginación e indigencias de los **Comunistas Cubanos,** posteriores a la captura de Cuba por el Marxismo:

> *«... La falsificación de la historia ha sido un procedimiento preferido por los gobiernos Marxistas-Leninistas para justificar su ascenso al poder y su forma de gobierno. Con el colapso del Comunismo en el mundo, las autoridades Cubanas han intensificado la adulteración de la historia con el fin de ofrecer al pueblo una excusa nacional para ejercer su mando. El más alto exponente de la tradición revolucionaria de Cuba es **José Martí**, por lo que la falsificación de su pensamiento y de sus doctrinas ocupan la mayor actividad de buen número de historiadores y críticos, en particular en lo que se refiere al **Partido Revolucionario Cubano**, al que quieren hacer aparecer como un **antecedente** del **Partido Comunista de Cuba**, base institucional que tiene el monopolio del poder y es, en consecuencia, responsable de todas las miserias e injusticias que sufre el país.»*

En numerosos artículos y estudios, **Carlos Ripoll**, presentó algunos de los caminos por los que se ha llevado a cabo la falsificación de Martí en Cuba, y de los objetivos que tiene ese esfuerzo, probando la inconsistencia y la falsedad de los argumentos con los que se pretende hallar parecidos y coincidencias entre la **república libre y democrática que quiso Martí** para su patria, y **el estado totalitario que los Comunistas Cubanos han creado allí**...

Ello inclusive ha resultado en la adición de nuevos detalles en los escritos de José Martí y en el periódico Patria que el Apóstol nunca escribió ni consideró.

Así se habla hoy en Cuba que...

> *« Como seguidor de Martí, **Carlos Baliño** en 1892 firmó las **Bases del Partido Revolucionario Cubano**, el documento que esboza las ideas y el programa de Martí. Después de la Independencia, Baliño se trasladó a Cuba. Aunque originalmente creía en el Anarquismo, gradualmente se volvió hacia el Marxismo; y a los 70 años fundó la **Asociación Comunista de La Habana**, a la que reclutó al dirigente estudiantil **Julio Antonio Mella**. En 1924 la Asociación, con Baliño como presidente, buscó unir a todos los Comunistas cubanos, y el **Congreso Comunista de 1925** resultó en la **Unión Revolucionaria Comunista**, de la cual Baliño fue brevemente líder hasta su muerte...»*

Esa falsa narrativa que enlaza a José Martí con Julio Antonio Mella tiene el propósito de proclamar a la **Revolución Castro-Comunista de 1959** como la continuación del **Partido Revolucionario Cubano** de José Martí.

> *« **Baliño** fue el punto de unión de dos generaciones, la de **José Martí** y la de **Julio Antonio Mella**, fusionando en ambas las aspiraciones más puras del **Socialismo**, como la gran comunidad de mayor justicia social, y las ideas martianas sobre la independencia, la ética y el internacionalismo basado en que Patria es Humanidad... Baliño, ya al final de su vida, representó la continuación del **pensamiento antiimperialista de José Martí** y los de redención social que proclamaba el momento.»*

Castro, por supuesto, en múltiples ocasiones ha catalogado a Baliño como..." *el enlace directo entre el Partido Revolucionario de José Martí, y el primer Partido Comunista de Cuba...*" Como conclusión lógica de esa perfidia, Castro ha proclamado... "*En unión de Mella y de otros militantes fundó el Partido Comunista de Cuba en 1925.*" **Baliño** murió al año siguiente, el 18 de Junio de 1926 en La Habana, cuando como una nota necrológica, el periódico "*El Boletín del Cigarrero*" publicó un artículo titulado "*La Caída del Roble,*" en el que en uno de sus párrafos declara: "*Los trabajadores de Cuba y especialmente los Comunistas, han perdido a uno de sus mejores militantes, y porque así fue, los Comunistas y trabajadores Cubanos siempre le rinden el merecido homenaje a su memoria.*"

Según Fidel Castro, en ocasión del centenario del inicio de la Guerra de los Diez Años, el 10 de Octubre de 1868... "*... en Cuba solo hubo **un proceso revolucionario continuo** que se había iniciado en 1868, casi 100 años antes.*"

Blas Roca Calderío, dirigente Comunista Cubano y un conocedor personal de la trayectoria de **Carlos Baliño**, expresó en un discurso pronunciado en 1945, conmemorando el 97 aniversario del natalicio de José Martí, las palabras que Fidel Castro necesitaba para no solo sacar a **Carlos Baliño** de la oscuridad y abandono histórico en que se encontraba su olvidada figura en 1959, sino utilizarlas para consumar el engaño de **Baliño como enlace de Martí con su revolución Comunista**. Sin lugar a dudas, el más bizarro fraude antipatriótico perpetrado por Fidel Castro.

Estas fueron las palabras de Blas Roca:

«...Hay que hacer justicia a la memoria de **Carlos Baliño**, la que tantos ni siquiera conocen o han olvidado. Niño todavía, escribió contra la esclavitud del negro. Niño todavía, se alzó contra la esclavitud de la patria. Hombre ya en el destierro, trabajó y laboró para traer la independencia y, lograda ésta no descansó ni reclamó gloria. Acostumbrado siempre a estar detrás, a que no se le mencionara, se abochornaba cuando lo aplaudían y continuaba su obra fecunda y grande de educar a los hombres, de educar a los trabajadores, de organizarlos y unirlos, de darles un programa, de trazarles la senda de su vida. Ese fue **Carlos Baliño**...»

[Blas Roca, en ese momento trascendental de reconocer y presentar a Baliño como una importante figura histórica Cubana, no mencionó relación alguna de Baliño con José Martí.]

A la izquierda, la única foto conocida de **Carlos Baliño**, tomada en 1912. Debajo, una foto de **Martí** y los fundadores del Partido Revolucionario Cubano en Cayo Hueso. Inicialmente el Partido Comunista trató de identificar al individuo en un círculo como Carlos Baliño, pero fueron impugnados cuando apareció en un periódico contemporáneo el nombre y apellido de esa persona: **Francisco M. González**. Nunca ha aparecido una foto de Martí con Baliño, a pesar de la afición de Martí por la novedosa técnica fotográfica de la época, y su insistencia de tomar fotos de las reuniones convocadas para las reuniones de fundación del Partido Revolucionario Cubano.

Aquí está el Apóstol rodeado del comité de Cayo Hueso que lo invitó a visitar en 1891 el histórico Cayo, surgiendo de esa visita el Partido Revolucionario Cubano. De izquierda a derecha, de pie: Jenaro Hernández, Serafín Bello, Aurelio Rodríguez, José G. Pompez, Frank Bolio y Fco. M. González. Sentados: Gualterio García, Martí y Angel Peláez.

Adoctrinamiento en Cuba

Los Olvidados

Cientos de Cubanos excepcionales han sido olvidados en este libro de **Historia de Cuba**, al cual no le han faltado páginas para presentar un gran número de personajes sin importancia en la historia nacional. A continuación presentamos varios ejemplos de señalados Cubanos, nativos y adoptados, que han sido olvidados simplemente por no compartir el pensamiento Marxista-Leninista de las autoras del libro de Valdés-López y sus acólitas. **¿No son todas estas personas más meritorias que *Baliño* o *Lázaro Peña* para que sus nombres sean recordados en un libro de Historia de Cuba?**

Roberto Agramonte y Pichardo, (1904-1995), filósofo y sociólogo Santaclareño, descendiente de mambises, ex alumno de la Universidad de La Habana y Columbia University, autor del texto de Sociología más usado en Cuba, Embajador en México, sucesor de Eduardo Chibás como presidente del *Partido Ortodoxo*, exiliado en Puerto Rico en 1960, biógrafo de Martí.

Ángel Gaztelu Gorriti, (1914-2003), Sacerdote nacido en Navarra y emigrante a Cuba a los 13 años, párroco de Bauta y de la Iglesia del Espíritu Santo en La Habana, miembro del *Grupo Orígenes*, restaurador de templos y lugares históricos de Cuba, escritor y poeta destacado, murió en el exilio en Miami a los 89 años de edad.

Manuel Arteaga Betancourt, (1879-1963), Camagüeyano, primer *Cardenal Cubano*, ordenado sacerdote en Caracas, Venezuela, Vicario General de la Diócesis de La Habana de 1915 a 1941, consagrado Cardenal por Pio XII en el Consistorio de 1946.

Gonzalo Aróstegui del Castillo, (1859-1940), Camagüeyano, alumno de los Padres Escolapios y del Seminario San Carlos, graduado de Medicina en Madrid, destacado en el staff de *La Sorbona*, miembro de la Sociedad Económica de Amigos del País en 1890, Secretario de Instrucción Pública de Cuba en 1919, cooperó con Gonzalo de Quesada en editar la obra de José Martí.

Nicolás Azcárate y Escobedo,(1828-1894), Habanero, en 1854 fue elegido por el Ayuntamiento de Güines como Delegado de la *Junta de Información* creada por Antonio Cánovas en 1866. Reformista, expulsado de Cuba por Valmaseda, amigo íntimo de José Martí, a quien dio trabajo en su bufete de Guanabacoa, elegido Presidente del Liceo de La Habana en 1883, honrado por Martí en una crónica en el periódico *Patria* a su muerte en 1894.

María de las Mercedes Beltrán Santa Cruz, (1789-1852), una de las primeras escritoras Cubanas, Habanera, *Condesa de Jaruco* por nacimiento, y *Condesa de Merlín* por matrimonio, amiga de Moratín y Goya en España, exiliada en París convirtió su casa en un lugar especial de tertulias literarias, donde asistieron Listz, Chopin, Balzac, Rossini y George Sand, entre otros; autora de *Viaje a La Habana*, un *best seller* favorito de personajes influyentes en París.

 **Mariano Brull Caballero, (1891-1956)**, Camagüeyano, nacido en el seno de una gran familia burguesa, uno de los más destacados poetas Cubanos de principios del siglo XX, graduado de Derecho en la Universidad de La Habana a los 22 años, diplomático, amigo de *Federico García Lorca* y *Rafael Alberti* en los cafés Madrileños, miembro del *Grupo Minorista* al volver a Cuba, amigo de Gabriela Mistral y Alfonso Reyes al marchar a México, y de Paul Valéry en Paris, cuando fue delegado de Cuba a la Liga de las Naciones.

Guillermo Cabrera Infante, (1929-2005), novelista, crítico, y ensayista nacido en Gibara, Oriente, *Premio Cervantes* de la Legua Española, que abandonó la carrera de Medicina en 1950 para dedicarse al periodismo; utilizó frecuentemente el pseudónimo *G. Caín* en la Revista Carteles; en 1959 fue nombrado Director del Consejo Nacional de Cultura y Subdirector del periódico  Revolución, entre otras razones por ser hijo de dos célebres militantes Comunistas. Rompió con el régimen Castrista en 1960 por la censura de Castro al documental *P.M.* de su hermano Sabá y Orlando Jiménez Leal. En Londres su carrera floreció convirtiéndolo en uno de los grandes escritores de fama mundial de finales del siglo XX.

Servando Cabrera Moreno, (1923-1981), Habanero, graduado de *San Alejandro* en 1942 como primero de su clase, alumno del *Art Students League* de New York, y de la *Grande Chaumière* de París, y bajo la influencia de Miró y Klee; expuso frecuentemente en Paris y España. En 1954 participó en la filmación del documental *El Mégano* sobre la dura vida de los carboneros, y eso lo hizo famoso continentalmente. En 1965 volvió a Europa y conoció la pintura de Kooning, que lo mueve a participar en 109 exposiciones mundialmente.

Miguel Coyula Llaguno, (1876-1948), veterano de las guerras de independencia bajo Maceo, Calixto García y Menocal, nacido en Regla, La Habana, periodista de La

Discusión, La Lucha, La Prensa, La Semana y el semanario Bohemia, opositor de Machado, amigo de Manuel Sanguily, Carlos de la Torre, y Mayía Rodríguez, Presidente de la Cámara en 1917, y del II Congreso Panamericano de Periodistas en 1941.

Ramón de la Sagra Periz, (1798-1856), naturalista y economista nacido en la Coruña, graduado de la Universidad de Santiago de Compostela, fundador del *Ateneo Español* en Madrid, emigró a Cuba en 1821, donde conoció a Tomás Gener, Santos Suárez y Félix Varela; creador del Jardín Botánico de La Habana, ensayando nuevos cultivos para Cuba, relacionándose con sociedades agrícolas en Lyon, Monpellier, Londres y New York. En 1861 publicó la primera historia política y natural de Cuba, que terminó en Paris donde murió en 1856.

José Elías Entralgo Vallina, (1903-1966), Habanero, hijo de Mambises, abogado Cubano, exalumno de los Escolapios de Guanabacoa y graduado en Leyes de la Universidad de La Habana, y luego profesor de esa institución; miembro del Ateneo de La Habana, la Sociedad Económica de Amigos del País, el Instituto de Altos Estudios (miembro fundador), el Círculo de Altos Estudios  del Rosario (Argentina), y el Institute International des Etudes Ibéro-Américains de París, editor de la Revista Bimestre Cubana y autor de más de 150 artículos en periódicos y revistas especializadas, activo colaborador de la Universidad del Aire en Cuba desde 1933, presidente de la Comisión Nacional Cubana de la UNESCO

Osvaldo Farrés, (1902-1985), autor de más de 300 canciones Cubanas, natural de Quemado de Güines, Las Villas, de donde viajó a La Habana a los 16 años, y donde trabajó como carpintero, mensajero en bicicleta y finalmente publicitario de la cerveza La Polar y el jabón La Llave. Su primer éxito fue la canción *Mis Cinco Hijos*, interpretada por la orquesta Casino de la Playa. Su fama internacional comienza cuando se convierte en el autor principal de Toña la Negra. Más tarde escribe para Josephine Baker, Sarita Montiel, Nat King Cole, Pedro Vargas, Charles Aznavour, Lucho Gatica, Elio Pinza, Bing Crosby, y muchas otras estrellas como Maurice Chevalier. Amigo de Carlos Prío, se exiló en 1962 para escapar del Marxismo que azotaba a Cuba.

Juan Emilio Friguls Ferrer, (1919-2007), Habanero, exalumno de los Maristas, graduado con primer expediente de la Escuela Profesional de Periodismo. Prosiguió estudios en España y Portugal, y fue el primer Cubano en recibir la distinción *Pro Ecclesia et Pontifice* del Papa Pio XII. En Julio de 1947 se incorpora al Diario

de la Marina y es corresponsal en Cuba de la National Catholic Welfare de Washington. Pablo VI le concedió una entrevista en 1950. Viajó como corresponsal a Rusia, Brasil, Colombia, Mongolia y Chile.

Ernesto García Alzola, (1914-1996), nativo de Ceiba del Agua, en La Habana, quedó huérfano a los 11 años. Se graduó de la *Escuela Normal de Maestros* con el quinto expediente más alto de 500 estudiantes, y de la *Universidad de La Habana* en Pedagogía. Fue VP de la Asociación Cubana de las Naciones Unidas y la Unión de Escritores y Artistas de Cuba.

Mercedes García Tudurí, (1904-1997), Habanera, descendiente de veteranos de la guerra del '95, a los 17 años se graduó de Filosofía y Letras (1925), Pedagogía (1934), Derecho Diplomático (1949), y Ciencias Políticas (1952), en la Universidad de La Habana. Fue profesora y Decana en la *Universidad de Villanueva*.  En 1960 se manchó a los Estados Unidos y se unió a *Marygrove College*, de donde nunca se jubiló, impartiendo sus últimas clases en 1994. Juan Pablo II le concedió la *Pro Ecclesia et Pontifice* unos días antes de su muerte, residiendo entonces en Miami.

Antonio Gattorno Águila, (1904-1980), Habanero, graduado de San Alejandro, alumno de Leopoldo Romañach, ganador de una Beca de Estudios en Europa, principalmente Paris y Roma, donde conoció a Juan José Sicre. Al volver a Cuba comenzó a enseñar en San Alejandro con Sicre y Víctor Manuel. Fue el mayor mentor de los llamados Pintores de la *Vanguardia*, que incluían a Wilfredo Lam y Amelia Peláez. Fue uno de los 13 miembros del *Grupo Minorista*. Hemingway escribió sobre su vida en Abril de 1935, y patrocinó su primera exhibición en New York. En los Estados Unidos conoció a Dalí y decidió vivir allí después de la revolución Marxista; murió en Massachussets en 1980.

Pedro Kourí Esmeja, (1900-1964), nacido en Haití de origen Libanés, fue un prestigioso médico e investigador desarrollado en Cuba. Su infancia y adolescencia la pasó en Santiago de Cuba, donde terminó su Bachillerato. En 1925 se graduó de Medicina en la Universidad de La Habana con el primer expediente. Desde entonces dedicó  sus estudios a parasitología y enfermedades tropicales. Fundó en la Universidad el *Instituto de Medicina Tropical*, donde realizó importantes estudios en Helmintología, Fasciolasis y Cloroechiasis, así como parasitismos causados por nemátodos. En ese proceso escribió más de 180 artículos en revistas médicas.

Víctor Landaluze y Uriarte, (1830-1889), Bilbaíno, emigrante a Cuba a los 20 años, tomó residencia en Cárdenas, siendo testigo del desembarco de Narciso López. Ilustró la obra *Los Cubanos Pintados por sí Mismos*, y en

1857 comenzó su etapa de caricaturista en el semanario *La Charanga*. Años después, en travesía por los Estados Unidos, Inglaterra, Francia y su natal España, documentó también su paso de viajero curioso por esas tierras. A su regreso a La Habana, colaboró en varias revistas de corte humorístico. Fundó su propio periódico, *Don Junípero*, y más tarde fue del grupo de *El Moro Muza*, y de la revista *Juan Palomo*. El impacto de los fusilamientos de los estudiantes de Medicina en 1871, y el poeta Juan Clemente Zenea, con quien mantuvo una relación amistosa, lo hicieron retirarse de la caricatura y comenzar una etapa netamente costumbrista en su pintura. Murió de tuberculosis en 1889.

Juan Francisco Manzano, (1797-1854), Habanero, poeta *esclavo* Cubano del período colonial. De niño recitaba de memoria sermones, el catecismo, loas y entremeses aprendidos en las misas y representaciones de ópera a las que asistía acompañando a sus "*amos*." Entre los años 1837 y 1838 colaboró en las revistas El Aguinaldo Habanero y El Álbum, con su propia y rudi-  mentaria ortografía, ya que se les negaba la más elemental instrucción a los esclavos. Su descubrimiento como poeta la hizo *Domingo del Monte* en 1839. Por la similitud del caso, lo involucraron en la *Conspiración de la Escalera* (1844), en la cual murió ajusticiado el también poeta, Gabriel de la Concepción Valdés (Plácido). Manzano fue absuelto en 1845, tras pasar un año en prisión, y murió en La Habana sumido en la mayor miseria.

José Miro Cardona, (1902-1974), Habanero, abogado y profesor de Derecho de la Universidad de La Habana, presidente del Colegio de Abogados de La Habana y asesor jurídico de importantes empresas Estadounidenses. Integrante de la clase media burguesa, opuesta a la dictadura de Fulgencio Batista (1952-1958), desde su cátedra alentaba a los estudiantes a oponerse y apoyar la Revolución Cubana. Una vez triunfante ésta fue designado, el 5 de Enero de 1959, como Primer Ministro del gobierno presidido por Manuel Urrutia Lleó. El 16 de Febrero del propio año, fue reemplazado como *Primer Ministro* por Fidel Castro quien lo designa al año siguiente como embajador de Cuba ante España, cargo en el que se desempeñó hasta fines de 1960, cuando solicitó asilo en la embajada de Argentina, para posteriormente viajar a los Estados Unidos, al proclamarse contrario a la orientación Comunista del proceso revolucionario.

Rafael Montoro Valdés, **(1852-1933)**, Habanero, abogado, historiador y crítico literario. Fundador del *Partido Liberal* (Autonomista), en el cual fungió como un destacado orador e ideólogo principal, con una posición opuesta al independentismo. Su padre poseía cuantiosos bienes en su región natal de Camagüey. En 1864 se incorporó al Colegio San Francisco de Asís, en  el que fue discípulo de Enrique Piñeyro, Juan Clemente Zenea, y Antonio

Zambrana. Durante diez años residió en España, donde inició los estudios correspondientes a la carrera de Derecho. En 1884 obtuvo el título de Licenciado en Derecho Civil y Canónico, en la Universidad de La Habana, y dos años más tarde resultó elegido como *Diputado ante las Cortes Españolas*. En 1926 ingresó en la Academia de la Historia de Cuba.

Martín Morúa Delgado, (1857-1910), Matancero, destacado periodista, relevante no sólo dentro de la política Cubana, sino también en la literatura y el periodismo. Hijo de padre Español y negra criolla, posiblemente exesclava. Estuvo implicado en la llamada *Guerra Chiquita*; en Estados Unidos estudió Inglés, Francés y Portugués, y se integró a los círculos que realizan trabajos políticos a favor de la independencia; en consecuencia de lo cual sufrió prisión. Aunque abrazó por un corto tiempo la corriente *autonomista*, pronto regresó a militar en las filas del independentismo. Durante la Guerra del '95 emigró a Tampa y regresó a Cuba con la expedición del General José Lacret Morlot. Fue Delegado a la *Asamblea Constituyente* de 1901 y electo Senador de la República, fundó el *Partido Moderado* en 1904, presidió el Senado, y fue nombrado Ministro de Agricultura, Comercio y Trabajo.

José Olallo Valdés, (1820-1889), Habanero, un mes después de nacido fue depositado en la Casa Cuna de La Habana, donde fue bautizado el mismo año. En 1827 pasó a ser educado en la propia Casa de Beneficencia de La Habana, fecha en que fueron recibidos por primera vez educandos varones en esa institución. En 1835, a los 15 años, ingresó en la *Orden Hospitalaria de los Hermanos de San Juan de Dios*, y fue destinado al Hospital de Camagüey.  Alternó su trabajo con los estudios de enfermería y cirugía, y a los 36 años fue nombrado Enfermero Mayor del Hospital. Durante la Guerra de los Diez Años, con un solo médico en los tres hospitales civiles de la ciudad, Olallo hizo cirugía de urgencia para salvar vidas, sin averiguar si eran Cubanos o Españoles, esclavos o libertos. Es conocido que ante el cadáver de Ignacio Agramonte, le lavó el rostro con su propio pañuelo y ayudó a tenderlo en el hospital de San Juan de Dios.

Orestes Ferrara Marino, (1876-1972), militar, político, diplomático, profesor universitario, escritor y periodista de origen Italiano. En 1896, conoció a Tomás Estrada Palma, y le propuso organizar una *Legión Garibaldina Italiana* para luchar por la independencia de Cuba; se entrevistó con *Ramón Emeterio Betances*, y un año después y desembarcó por Punta Brava, Camagüey, listo para la guerra. En 1900 se graduó de Doctor en Jurisprudencia de la Universidad de Nápoles, y en 1901, Leonardo Wood, lo nombró gobernador interino de Santa Clara. En 1904 comenzó a impartir clases en la Universidad de La Habana. En 1913 fundó el periódico *El Heraldo de Cuba*; en 1926 fue designado Embajador de Cuba en Brasil, y en 1927 Embajador en Washington. En 1932 Machado lo nombró Secretario de Estado, y le concedió la *Medalla Carlos Manuel de Céspedes*. Exiliado en 1933 en Paris, regresó a Cuba en 1945, para aceptar el puesto de Embajador de Cuba en la UNESCO. En 1959, renunció a todas sus responsabilidades y marchó a Roma donde murió en 1972.

Humberto Piñera Llera, (1911-1986), Cardenense, hijo de Asturianos, a los 26 años se graduó de Ciencias y Letras del instituto de Camagüey y comenzó su carrera de maestro de escuela. Estudió en la Universidad de La Habana con Jorge Mañach y Luis A. Baralt, Vicentina Antuña, Manuel Bisbé y Elías Entralgo, y se convirtió en asiduo visitante de la Biblioteca de la Sociedad Económica de Amigos del País y de la Biblioteca Nacional; ayudó en la fundación de la *Revista Cubana de Filosofía*, creada en 1946 por Rafael García Bárcena. Luego enseñó en el Instituto de la Víbora y la Universidad de La Habana. En 1960 se exilió en Nueva York después de renunciar a su cátedra y comenzó a enseñar en la *Universidad de New York*. Murió en el exilio como VP de honor de la Sociedad Cubana de Filosofía en el Exilio, y del Instituto Jacques Maritain de Cuba.

Carlos Ramírez Corría, (1903-1977), nacido en San Luis, Oriente, y considerado el *padre de la neurocirugía de Cuba*. Graduado en medicina en la Universidad de La Habana, con posgrados en *La Sorbona*. Alumno en París de *Clovis Vincent* y en Madrid de *Santiago Ramón y Cajal*, Nobel de Medicina; fue Ministro de Salubridad en 1949, y sirvió en el personal del Hospital Calixto García.

Leopoldo Romañach Guillén, (1862-1951), Villaclareño, huérfano de madre los 5 años; a los 14 lo envió su padre a New York para aprender Inglés. Unos años después viajó a Roma y se matriculó en la Escuela de Bellas Artes. Al romper la guerra de Independencia en 1895, *Raimundo Cabrera* y *Marta Abreu* lo ayudaron a permanecer en Roma una vez se acabaron los fondos que recibía de su padre en Cuba. Alcanzó numerosos galardones en el mundo del arte pictórico, incluyendo medallas en Búfalo, Missouri, Sevilla y Roma. En Cuba, a su retorno, recibió la *Medalla de Carlos Manuel de Céspedes*.

Gustavo Sánchez Galarraga, (1893-1934), Habanero, hijo de una familia acomodada, dramaturgo, compositor de Zarzuelas, *letrista* para Jorge Anckermann y Ernesto Lecuona, en El Calesero, Rosa la China y María la O. Director Musical del Payret, *músico* favorito de Margarita Xirgu y Ricardo Calvo, *arreglista* del Teatro Alhambra, *autor* favorito de Enrique José Varona, José María Chacón y Calvo, y Gonzalo Roig. Ganador de la *Real Cruz de Isabel la Católica* que le entregó Alfonso XIII en persona.

**Juan José Sicre, (1898-1974)**, Matancero, formado en la Academia Nacional de Bellas Artes San Alejandro, estudiante de la *Grande Chaumière* en París, y *Tentacostre* en Florencia, y alumno de *José de Crefft* en Roma. Fue profesor de San Alejandro en los 1930s en La Habana, y la Escuela de Artes Plásticas de Caracas. En 1940 expuso su obra en el Salón de Otoño en París. Sus esculturas están en numerosos lugares en Cuba: *Martí* en la Plaza Cívica, *Simón Bolívar* en el Parque de la Fraternidad, Monumento a *Narciso López* en Cárdenas, Murió en Washington, en el exilio.

Amado Trinidad Velazco, (1893-1955), Villaclarense, nacido en una familia tabacalera. Su familia estableció *Trinidad y Hermanos* en Ranchuelo en 1921. Se alejó del negocio para dedicarse a la radio y logró fundar la *RCH Cadena Azul* con Cristóbal Díaz en 1939. Fue el *descubridor* de la Orquesta Riverside, Ignacio Villa (Bola de Nieve), y Aníbal de Mar, en competencia con la CMQ de Ángel Cambó. En 1954 se fue a la quiebra y se mudó a Guanajay dedicándose al cultivo de flores; en reconocimiento a su labor pionera en la radio recibió la *Orden San Cristóbal de La Habana*, pero decepcionado se quitó la vida en su finca San José.

**José Ramón Villalón Sorzano, (1929-)**, Habanero, teólogo, filósofo y maestro, que jugó un rol importante en la FEU durante sus años estudiantiles. Profesor de la Universidad de Puerto Rico reconocido con el único y exclusivo galardón de *Profesor Distinguido*. Nieto del *Coronel Villalón Sánchez*, ayudante militar de Antonio Maceo, por parte de padre, y nieto de *Leonardo Sorzano Jorrín*, por parte de madre, el célebre autor de libros de Inglés utilizado por varias generaciones de Hispanos. Villalón Sorzano es un notable filósofo políglota (Español, Inglés, Francés, Alemán, Italiano, Griego y Hebreo); graduado de las Universidades Pontificia Lateranense, La Habana, Puerto Rico, y Tübingen, donde estudió bajo *Hans Küng*. En 1975 dejó de ser Hermano de La Salle y se casó con Olga Soler, una notable abogada y leader de Puerto Rico. Ha escrito valiosos tratados de lingüística, literatura, antropología, y valiosos libros publicados en Francia y los Estados Unidos, y es considerado un eminente autor en el área de desarrollo humano.

Apéndices

Breve Historia de la Educación en Cuba.

El Modelo de la Escuela Secundaria Básica.

Apéndice 1

Breve Historia de la Educación en Cuba.

Por más de medio siglo el Comunismo Cubano ha estado engañando al mundo presentando como uno sus grandes «*logros*» lo alcanzado en los campos educativo y de salud. En el primer caso, se alardea del logro de «*total alfabetización*,» escuelas de primer orden, aumento del número de universidades y las oportunidades universitarias a lo largo de la isla. Basta con estudiar cómo estaba estructurada y organizada la educación en Cuba antes de la llegada del Castrismo para conocer con exactitud el alcance y la verdadera significación de los cambios introducidos por el régimen Comunista en el sistema educacional Cubano. Esta es la historia que ha desvirtuado y no da a conocer el Marxismo cuando se trata de la educación en Cuba.

LA EDUCACION DURANTE LA CUBA COLONIAL

La educación en Cuba comenzó siendo una tarea de la que se ocupaba el sector privado, particularmente la Iglesia. Era natural que así fuera si se tiene en cuenta que las escuelas públicas a nivel de educación primaria todavía no existían en el siglo XVIII en la península Española, por lo cual se considera que todavía en 1803 el 94% de la población de España era analfabeta; una tasa similar a la del resto de los países Europeos.

Los primeros esfuerzos educacionales en la isla de Cuba fueron realizados por un sobrino mestizo de Español y Taina de Diego Velázquez, el sacerdote católico Padre Miguel Velázquez, que fungió de maestro en la Catedral de Santiago de Cuba a mediados del siglo XVI. Desde entonces, la Iglesia Católica echó sobre sus hombros la responsabilidad de impartir la poca instrucción que se ofreció durante casi dos siglos a los niños de edad escolar que vivían en la Isla. Sin embargo, en la segunda mitad del siglo XVIII ya habían surgido otras «*escuelas*» dirigidas por laicos, en las cuales maestros privados, llamados «*escueleros*», y mujeres de humilde extracción, llamadas «*amigas*», ofrecían instrucción rudimentaria a niños cuyas familias podían pagar algún tipo de cuota, y aun a muchos que no podían pagar nada. Es interesante destacar que muchos de estos «*escueleros*» y «*amigas*» pertenecían a la clase de los «*libertos*», y que en las escuelas Cubanas, desde sus comienzos, se admitían y se educaban juntos varones y hembras, blancos y «*de color.*»

En 1793 en La Habana, y cinco años después en Santiago de Cuba, se fundaron dos **Sociedades Económicas de Amigos del País**, con lo cual la educación comenzó a tomar gran impulso en la Isla, a lo cual se añadió la llegada a la Isla de algunas Órdenes Religiosas (Dominicos, Ursulinas, Jesuitas, Franciscanos) dedicadas a la enseñanza. Las Ursulinas, por ejemplo, llegaron a La Habana en 1803. En 1826, ya había en la Isla un total de 140 escuelas, en las que se educaban cerca de 6,000 niños, tanto «*acomodados*» como «*pobres.*» Unos años después, en 1840, el Gobierno Colonial empezó a mostrar bastante interés en la educación, por lo que se establecieron **Escuelas Normales** para formar maestros, y la enseñanza primaria se puso bajo la responsabilidad de los **Municipios**. A consecuencia de esas medidas, y del constante estímulo de la Sociedad Económica de Amigos del País, en 1862 había en la jurisdicción de La Habana un total de 158 escuelas, 65 públicas y 93 privadas. Después de esta fecha, el número de las escuelas públicas continuó creciendo y atrayendo un mayor número de estudiantes, mientras que, bajo la presión del Gobierno, disminuía el número de las escuelas privadas, y se reducía la cantidad de estudiantes que las mismas educaban. Ya en 1867 el 68% de los educandos asistía a escuelas públicas, mientras que las privadas atendían tan sólo al 32%.

Durante ese período Colonial tres importantes eventos tuvieron lugar: en 1728, a nivel universitario, la **fundación de la Real y Pontificia Universidad de San Jerónimo** (la Universidad de La Habana); en 1769, con la asistencia de Seminaristas para unirse al clero y jóvenes que querían adquirir una sólida formación humanística, la **creación del Seminario de San Carlos y San Ambrosio**, donde realizaron su gran labor educativa los Padres **José Agustín Caballero** y **Félix Varela**. Finalmente, en 1848, para atender los niveles primario y secundario, ocurrió la **apertura del Colegio El Salvador**, por **José de la Luz y Caballero**. El Salvador marcó la pauta para la educación privada en La Habana y el resto de la isla; de esa categoría el posiblemente mejor conocido fue el **Colegio San Pablo** fundado por Rafael María de Mendive, al cual asistieron **José Martí** y **Fermín Valdés Domínguez**.

José Agustín Caballero fue el primer gran educador Cubano que concibió la idea de llevar a cabo una reforma educativa de vastas proporciones. El **Padre Félix Varela** tiene el mérito de haber reformado y vigorizado la educación, no sólo en su cátedra de Filosofía del Seminario, sino en todos los niveles de la enseñanza en Cuba, realizando una labor educativa extraordinaria, y formando a toda una generación de jóvenes, de donde surgieron los más grandes líderes intelectuales del siglo XIX Cubano. **José de la Luz y Caballero** caracterizó la obra de **Varela** diciendo *«cuando se piense en Cuba, se hablará siempre del primero que nos enseñó a pensar.»*

Durante las primeras tres cuartas partes del siglo XIX, cuando la escuela pública apenas realizaba alguna que otra labor importante, la escuela privada fue la que impartió la instrucción de calidad que necesitaba la Isla. En realidad, durante todo el siglo, la escuela privada fue la que despertó en las generaciones Cubanas el deseo de libertad, derechos y la modificación del rígido sistema Colonial.

El **Seminario de San Carlos y San Ambrosio**, bajo la inspiración del **Obispo Juan José Díaz de Espada y Fernández de Landa**, se convirtió en el centro de inspiración de donde irradiaban las luces de la libertad. Cuando en el Seminario se creó la **Cátedra de Constitución**, tras la ratificación de la Constitución Española, la Pepa, **Varela** fue su primer Profesor. En su Discurso Inaugural afirmó, «... *esta es la cátedra de la libertad, de los derechos del hombre, de las garantías nacionales...*» Fue Varela quien en 1821, como Diputado electo a las Cortes Constitucionales de España, se consagró como el paladín y el gran defensor de la libertad en todos sus aspectos; propuso una *Resolución* que le daba completa autonomía a Cuba y las demás Colonias Españolas; preparó un *Proyecto* que les concedía la libertad a los esclavos y abolía totalmente la esclavitud en la isla de Cuba. Tarde o temprano le costó la expulsión y el destierro, por ser «... *el líder de la cultura Cubana y de los ideales de libertad e independencia para todos, no sólo los nacidos sin los grilletes de la esclavitud...*»

Al igual que en Varela en San Carlos y San Ambrosio, **José de la Luz y Caballero** contribuyó también a la formación de los ideales patrios desde la escuela privada, en un nivel de educación más elemental pero no por ello menos importante. El Colegio El Salvador contribuyó a desarrollar y propagar la cultura Cubana entre la niñez y la adolescencia, despertando el amor a la Patria, y avivando el sentimiento de Cubanía. **El Salvador** de **Luz y Caballero**, el **San Pablo** de **Mendive**, y muchos otros colegios privados del siglo XIX, al propugnar los valores de la libertad y la justicia, contribuyeron a crear el ambiente apropiado para que se expandiera el ideal independentista que había nacido con el Padre Varela y su periódico **El Habanero.** Poco después de comenzar la **Guerra de los Diez Años**, en 1868, El Salvador y el San Pablo tuvieron que cerrar sus puertas ante la incertidumbre que las familias sentían durante la contienda, pero principalmente porque muchos de sus ex-alumnos y profesores se decidieron por la acción armada, y se fueron al campo de la lucha uniéndose a los mambises, o fueron apresados y condenados al destierro como lo fue José Martí.

LA EDUCACION DURANTE LA CUBA REPUBLICANA

La nación Cubana salió de la dominación Española en muy precarias condiciones. Durante la reconcentración ordenada por Vareliano Weyler, la población disminuyó abruptamente, y el sistema escolar sufrió grandes agresiones. De 775 escuelas que había en 1887, en 1895 habían sobrevivido 541. El analfabetismo, aumentó hasta llegar a la cifra de 64% de la población Cubana. Como es natural, desde finales de la Guerra de los Diez Años, durante la Tregua Fecunda y la Guerra Hispano-Cubano-Americana, no hubo grandes desarrollos educacionales en Cuba con excepción de un gran influjo de ideas y avances llevados a cabo en el mundo educacional Cubano gracias a los esfuerzos y diligencia del pedagogo Norteamericano **Alexis Everett Frye**, nombrado Superintendente de Escuelas de Cuba.

Uno de los primeros problemas con que se enfrentó el nuevo Superintendente fue la carencia de maestros debidamente capacitados a todo lo largo de Cuba, incluyendo la capital Habanera. La Junta de Educación pidió poder contratar como maestros a personas consideradas honorables y competentes. Como medida de largo plazo los Estados Unidos enviaron a cursos de Verano en Harvard University a cientos de Cubanos con deseos de dedicarse a la labor docente. En un par de años se convocó a exámenes para maestros, siendo aprobados más de mil aspirantes. Los ya aprobados fueron sometidos a exámenes periódicos de capacitación, para poder continuar ejerciendo la enseñanza por uno y tres años sucesivamente. Al mes de nombrado a su cargo, Frye definió, desarrolló y contribuyó a incorporar en las escuelas primarias de Cuba una ley y reglamentos que estructuraban y organizaban la enseñanza primaria y secundaria. En la educación universitaria se aumentaron las cátedras correspondientes a las cinco facultades existentes y se llevaron a cabo otras modificaciones, inspiradas en un proyecto elaborado por **José Antonio González Lanuza**, Secretario de Instrucción Pública y Justicia del Gobierno Interventor Norteamericano. Como resultado, se reorganizó la enseñanza superior con planes de estudio en las diversas carreras, que dieron paso a numerosas cátedras de indiscutible valor como fue, la de Antropología y creó la Escuela de Ingenieros, Electricistas y Arquitectos. En la enseñanza media y secundaria se aplicó el Plan Varona —obra del filósofo y educador Cubano **Enrique José Varona**— que constituyó una reforma educativa y con calidad pedagógica. En 1902 ya había en Cuba 3,500 aulas distribuidas en 1,940 escuelas públicas. Para sustentarlas, se destinó el 25% del presupuesto nacional, que era sólo de US$17 millones.

Hablando de **José Enrique Varona**, es bueno notar que al emprender la reestructuración de las enseñanzas secundaria y superior, muchos historiadores consideran que la revolución cultural iniciada por él en los albores del siglo XX fue de un espíritu tan elevado y patriótico como los de **Varela** y **Luz y Caballero** en su tiempo. Es más, gracias a las circunstancias de nueva república en que se produjeron, la reforma de Varona fue de más amplitud, profundidad y resultados, según el criterio de los estudiosos. De lo único que se puede tachar al **Plan Varona** es de haber reducido considerablemente la enseñanza y atención de las Humanidades, en parte por haber sido por mucho tiempo el tema preferido por España.

Jorge Mañach, en cierto modo, defendió el Plan Varona de las acerbas críticas que se le dirigieron diciendo que su autor había aplicado una *«terapia de urgencia»*, y que quizás fue lo apropiado para el momento y las circunstancias en que Varona lo elaboró. En realidad, al preparar su plan de estudios para la Segunda Enseñanza, Varona se guio completamente por las ideas del positivismo, filosofía ésta que él había abrazado íntegramente, y de la cual fue uno de los primeros y más brillantes exponentes en América Latina. Cuando se actualizó el Plan Varona a inicios de los 1940s, la joven Cuba, con una nueva Constitución, creó un plan acelerado de estudios de Matemáticas, Física, Química y Ciencias Naturales, que llegó a tener fama de ser el mejor de toda la América Hispana, e inclusive de la península Española, sumergida entonces en la post-Guerra Civil.

Durante los primeros años de la República, la escuela Cubana funcionó en forma un poco desordenada, porque se les había dado a los maestros gran libertad para llevar a cabo su labor. En 1905, la Junta de Superintendentes de Escuelas aprobó el currículo de los primeros cursos específicos de estudio para los distintos grados escolares y expuso los detalles que cada asignatura debía cubrir. A pesar de cierta desorganización aparente, los primeros maestros de la República tuvieron un éxito extraordinario, porque suplieron las deficiencias que tenían con un grado muy elevado de entusiasmo y de dedicación. Como consecuencia, el analfabetismo se redujo considerablemente, y la instrucción primaria se extendió a un por ciento de la población mucho más elevado.

Con el transcurso del tiempo se hizo evidente que el sistema de nombrar profesores a los que resultaban exitosos en convocatorias de exámenes de competencia no era el procedimiento más adecuado. Desde 1900, se había creado en la Universidad de La Habana la Facultad de Pedagogía, para preparar a estudiantes con excelentes récords académicos para enseñar en las escuelas de la República a todos los niveles. Por supuesto, no era posible esperar que esa Facultad preparara a la enorme cantidad de maestros que la República necesitaba. Comenzó la creación de escuelas para la preparación de los maestros, desde entonces llamadas Escuelas Normales.

Para la enseñanza a nivel de Kindergarten, en 1902 se fundó en La Habana la **Escuela Normal de Kindergarten**, con el objeto de preparar maestros para que impartieran este tipo de enseñanza. Más tarde, en 1915, se crearon en La Habana dos **Escuelas Normales de Maestros;** una para varones y otra para señoritas, y se crearon otras en cada una de las demás capitales de provincia. Para preparar Maestras de Trabajos Manuales y de Economía Doméstica, en 1918 se creó en Cuba La primera **Normal para Maestras del Hogar** que graduó sus primeras maestras en 1927.

A pesar de los éxitos de la escuela pública en los primeros años de la República, con el transcurso del tiempo el sistema experimentó numerosos problemas, el principal de los cuales fue la desaparición de la conexión entre las escuelas y la comunidad cuando las Juntas Municipales de Educación, que habían sido inicialmente designadas mediante elecciones, se convirtieron en organismos cuyos miembros eran nombrados directamente por el Ministro de Educación; el Ministro elegía candidatos de una terna que le sometía la municipalidad al efecto. Ello dio lugar a la intromisión de la política en las cuestiones de la educación, y trajo como consecuencia una marcada decadencia de la calidad de la escuela Cubana. Pero los gobiernos de Cuba siguieron apreciando la educación y aprobando serios presupuestos para financiar escuelas primarias y secundarias, pagar relativamente bien a los maestros y no dejar languidecer a la Universidad de La Habana.

En 1958, la UNESCO reportó que Cuba era el primer país Latinoamericano en cuanto al por ciento del presupuesto que se dedicaba a la educación. Cabe señalar, sin embargo, que aunque los presupuestos nacionales asignaran fondos en proporciones bastantes elevados, dichos fondos no siempre se aplicaban a resolver los problemas de la enseñanza, ya que muchas veces eran objeto de despilfarro y de malversación. Así ocurrió especialmente en las décadas de los años 40 y 50, cuando algunos funcionarios se apropiaron de enormes cantidades de dinero, sustrayéndolas de los fondos asignados para la educación de la niñez.

Otro de los males de que adoleció la educación pública primaria en Cuba fue la concentración de las escuelas en las áreas urbanas, pues los maestros preferían trabajar y vivir en las ciudades. Como consecuencia de esto, siempre hubo grandes áreas del campesinado Cubano donde los niños carecían de escuelas, complicando la situación de que muchos padres campesinos necesitaban que sus hijos trabajaran con ellos en la tierra para devengar ingresos y ayudar a proveer a las necesidades de la familia.

Para resolver el problema de la educación de los niños campesinos, y al mismo tiempo asegurar la simpatía y el control de la población campesina, en 1936 se creó un tipo de escuela rural (las **Escuelas Cívico-Militares**), impulsadas por Fulgencio Batista y bajo la dependencia del Cuerpo de Cultura del Ejército, que proveería como maestros a miembros de ese mismo cuerpo. La medida tuvo en Cuba grandes repercusiones, e inclusive estuvo conectada con la injustificada destitución del Presidente Miguel Mariano Gómez; después de haber sufrido algunas modificaciones, esa meritoria organización Cívico-Militar fue sometida al control civil al entrar en vigor la Constitución de 1940.

Sometiendo a examen la educación pública a nivel primario durante los primeros años de la República, la conclusión inevitable es que nunca llegó a funcionar con eficiencia. Eso dio lugar a un auge extraordinario de la escuela privada en Cuba, particularmente escuelas organizadas y administradas por la Iglesia (Escolapios, Jesuitas, Dominicos, Claretianos, Hermanos Maristas, los Hermanos de La Salle, del Apostolado y otros), así como los colegios presbiterianos, subsanando las limitaciones que tenía la escuela pública. Sin embargo, la escuela privada elemental, por las limitaciones de orden económico de las Órdenes Religiosas, no pudo enfrentarse y resolver el enorme problema de la educación del campesinado Cubano.

LA ESCUELA PÚBLICA DE NIVEL SECUNDARIO.

La Educación Secundaria en Cuba durante todo el período republicano estuvo principalmente a cargo de los **Institutos de Segunda Enseñanza**. Los mismos habían sido establecidos durante la Colonia, que creó cuatro en 1857 y dos adicionales antes del fin de siglo. Al comenzar la República, funcionaban seis Institutos, uno en cada capital de provincia, Pinar del Río, La Habana, Matanzas, Santa Clara, Camagüey y Santiago de Cuba. Sin lugar a dudas, los Institutos de Segunda Enseñanza realizaron en Cuba una labor encomiable. No sólo fueron la base de la educación Universitaria durante toda la etapa republicana, sino también orientaron y supervisaron la calidad de instrucción en las escuelas privadas, cuyos diplomas eran convenientes pero no necesarios para hacer entrada en las Universidades. Los Institutos eran instituciones docentes pre-universitarias de primer orden, aunque durante varios períodos tuvieron a su cargo también algún tipo de enseñanza técnica como agrimensura, contabilidad o comercio; su objetivo principal era preparar a los estudiantes para la realización de estudios universitarios.

En 1937, liquidado el Machadato y sus consecuencias desestabilizadoras, Cuba creó trece nuevos **Institutos de Segunda Enseñanza** en varias ciudades de la isla, bajo el plan conocido entonces como el "**Plan Juan J. Remos**." Las Humanidades encontraron su espacio, añadiendo Sociología, Sicología, Literatura, y hasta principios de Filosofía y Lógica, Música y Coro al estudio de la Historia de Cuba. Los Institutos de Segunda Enseñanza de Cuba llegaron a tener, en su casi totalidad, edificios especialmente construidos para impartir este tipo de enseñanza, y estuvieron dotados de eficientes Laboratorios de Física, Química y Estudios Naturales. Por otra parte, todos contaron con una Biblioteca bien dotada, y en La Habana, Camagüey y Santiago se añadieron importantes Museos en los edificios.

Muchos fondos fueron también dedicados a la más antigua de las escuelas Cubanas, la de **Dibujo y Pintura de San Alejandro**, que había sido originalmente fundada por la Sociedad Económica de Amigos del País en 1818 y fue la segunda institución más antigua de Hispanoamérica, dirigida por Jean Baptiste Vermay en su fundación y otros grandes artistas Cubanos como Armando García Menocal, Leopoldo Romañach, Esteban Valderrama, Juan José Sicre, Fidelio Ponce, Víctor Manuel y Eduardo Abela. Presupuestos que se extendieron a otras escuelas especiales como Las Escuelas Profesionales de Periodismo, el Instituto Nacional de Educación Física y la Escuela Técnica Industrial, Fundación Rosalía Abreu.

Todo parecía muy bien en la Cuba educacional hasta que surgió el gobierno dictatorial de Fulgencio Batista, que se extendió desde 1952 hasta 1959. Durante ese período, más que en la época de la Revolución del 1933, los estudiantes se mostraron particularmente activos, amparados en parte por la Autonomía Universitaria, e inclusive llegaron a tomar una participación directa en el ataque al Palacio Presidencia del día 13 de Marzo de 1957, cuando perdió la vida el líder estudiantil **José Antonio Echevarría.**

Conociendo estos antecedentes, Fidel Castro y sus colegas Comunistas comprendieron desde el primer momento que para llevar a cabo sus planes de subversión total del Orden Democrático y de supresión absoluta de la libertad y los Derechos Humanos, tenían que comenzar por someter a la Universidad de La Habana, y así lo hicieron el 20 de Abril de 1960, cuando un grupo de porristas partidarios del Comunismo, la mayoría de los cuales no eran estudiantes, expulsaron físicamente de las áreas universitarias a los estudiantes que luchaban por la democracia y la libertad de Cuba.

ALGUNOS DATOS ESTADISTICOS FINALES.

La educación en Cuba fue reconocida por la UNESCO en 1958 como el único país Latinoamericano que había alcanzado desde 1940 que **todos sus maestros poseyeran títulos normales o universitarios**, y también se recoge en el Anuario Internacional de Educación de la UNESCO que Cuba ocupaba el **cuarto lugar de todos los pueblos de América Latina**.

Estos logros educacionales, están basados en datos reales y comprobables, a diferencia de las falsas estadísticas que acostumbran a proporcionar los Marxistas; se lograron no sólo gracias a la cantidad y calidad de los **Centros de Formación de Magisterio en Cuba**, que permitieron que a lo largo de 56 años todos los maestros Cubanos fueran diplomados, sino, en gran parte, a los **presupuestos** de la nación dedicados a la educación, que eran considerados entre los más altos del continente; el número de Universidades y estudiantes universitarios Cubanos, en relación al total de la población del país, era superado solamente por Estados Unidos, Argentina, Uruguay y Canadá. Más aun, el porcentaje femenino en relación total de estudiantes matriculados, era el más alto de todo el hemisferio occidental incluyendo a los Estados Unidos. Cuba, según el *Anuario Estadístico de las Naciones Unidas* tenía 3.8 estudiantes universitarios por cada por 1,000 habitantes, lo cual rebasaba en casi un 50% la media de Latinoamérica de 2.6 estudiantes universitarios por cada 1,000 habitantes.

El magisterio Cubano estaba protegido por una serie de medidas que estimulaba y sostenía su labor educacional, como el **Retiro Escolar** (establecido desde Agosto de 1919); **sobre-sueldo por antigüedad**; **gratificación por residencia**, y **colegiación obligatoria**. Los centros que gozaban de tanta protección laboral y prestigio académico fueron: **Escuelas Normales de Maestros**, creadas en 1915, que en 1958 llegaron a tener 12 planteles y 7,772 alumnos; **Escuelas Normales de Kindergarten**, con 7 planteles y 1,088 alumnos; **Escuelas del Hogar** para Maestras Hogaristas, con 14 planteles; **Escuelas Profesionales de Comercio** con 18 planteles y 9,500 alumnos; **Escuelas de Artes y Oficio** con 12 planteles y 3,882 alumnos; **Escuelas Técnicas Industriales**, **Escuelas Tecnológicas**, **Escuelas de Bellas Artes**, **Escuelas Profesionales de Periodismo**, **Escuelas de Publicidad**, de **Aeronáutica**, de **Identificadores**, los **Institutos Nacionales de Educación Física**, y otras escuelas para otras vocaciones, sin contar **Universidades** y **Escuelas Privadas**, un total de más de **1,000 escuelas** que daban instrucción a más de **200,000 alumnos**.

En 1958, Cuba, con una población de 6,640,900 habitantes, tenía 1,420,000 de **escolares** de todos niveles, 34,000 **maestros** colegiados, más de 30,000 **aulas**, en escuelas de Primaria Superior Urbana; Primaria Superior Rural; Primaria Elemental Urbana; Primaria Elemental Rural; Kindergarten; Artes Manuales; Música; Inglés; Educación Física; Dibujo; Agricultura, y otras especialidades.

En Cuba se preparaban y editaban **textos** por autores Cubanos que eran reconocidos y utilizados en toda la América Latina, para estudiantes desde niveles primarios y secundarios hasta universitarios. En último año antes de la ocupación Marxista, se exportaron libros de texto con ganancias anuales que ascendían los US$10 millones anuales; gran contraste con los libros del sistema educacional Marxista, que sólo publica libros de adoctrinamiento, que ningún país que se respete desea para sus estudiantes.

Según el distinguido académico y educador Cubano **Leví Marrero**...

«...la eficacia de la alfabetización puede ser medida indirectamente por el desarrollo de la **prensa**, que hace circular las ideas y facilita el acceso a las innovaciones, en proporción al número de personas que saben y les interesa leer. Entre los 112 países de los cuales hay estadísticas firmes, Cuba ocupaba el lugar 33, con una circulación diaria de **101 ejemplares de periódicos por cada mil habitantes**. El primer lugar lo ocupaba el Reino Unido (570/1,000) y el sitio 110 la China continental, con una copia de periódico por cada 10,000 habitantes. En Latinoamérica solamente Uruguay (233/1,000), Argentina (154/1,000) y Panamá (111/1,000) superaban a Cuba. México en el sitio 48, disponía de 48 ejemplares de diarios por 1,000 habitantes.»

¿Cuántos periódicos diarios pueden los Cubanos leer después del Marxismo? En tiempos de abundantes subsidios de la Unión Soviética, Cuba tenía menos de 10 periódicos en todo el territorio nacional; casi todos con circulación limitada y muy pocas páginas; teniendo ya la isla más de 10 millones de habitantes. Más crítico aun es el hecho de que, con los avances de la tecnología y la rapidez de información que fluye a través del mundo cibernético, al pueblo Cubano se le niega el acceso libre y seguro a la Internet; eso atrasa el desarrollo y los conocimientos de la población, les impide conocer los avances del mundo libre y todo lo positivo que en este sucede. Teniendo el control absoluto de todos los medios de comunicación, es que el Marxismo puede seguir repitiendo sus falacias sin que los Cubanos puedan desenmascararlos o descubrir. Como ha escrito Márquez Sterling en su libro **Historia de la Isla de Cuba:**

«*El verdadero objetivo educativo del Marxismo es crear fanáticos, incapaces de comprender la civilización occidental fundada en los derechos humanos y en la dignidad plena del hombre.*»

La jefatura Comunista Cubana tergiversa las verdaderas historias de Cuba y del mundo, porque en sus planes para mantener a Cuba sometida, solo hay espacio para los dogmas malévolos que repiten como robots para que el pueblo no tenga otra cosa que creer.

Apéndice 2

El Modelo de la Secundaria Básica En la Cuba Comunista de Hoy.

El propósito de este material es exponer y fundamentar el Modelo de la Escuela Secundaria Básica elaborado por un equipo conformado por investigadores del nivel de educación medio básico del Instituto Central de Ciencias Pedagógicas, de conjunto con la Dirección Nacional de Secundaria Básica y la Dirección Nacional de Formación y Perfeccionamiento de Personal Pedagógico sobre la base de un grupo de investigaciones recientes y del estudio de la literatura internacional contemporánea sobre el tema.

El Modelo de la Escuela Secundaria Básica que se presenta está en correspondencia con los actuales escenarios en que se desarrolla la educación cubana, matizada por los cambios socioeconómicos que se han ido desarrollando de manera vertiginosa en nuestro país y fundamentalmente a partir del denominado período especial en que nos encontramos. Refleja **el nivel de concreción de la política educacional que traza el Partido** y que necesita la sociedad cubana para cumplir el fin de la educación de **formar las nuevas generaciones de cubanos consecuentes con la sociedad socialista que construimos.** Representa la aspiración que debe tener cada centro educacional de nivel secundario de acercarse sucesivamente a la institución que reclama la sociedad cubana para cumplir el encargo planteado.

En este modelo educativo surge como **una nueva concepción del maestro en este nivel de enseñanza, la figura del Profesor General Integral (PGI), que constituye un aporte revolucionario y novedoso para la atención educativa a los adolescentes**, quien deberá estar en capacidad de desplegar actividades en cualquier área del trabajo educativo con 15 alumnos e impartir todas las asignaturas, excepto Inglés y Educación Física, facilitando con ello una mayor atención diferenciada y personalizada a los alumnos que promueva que estos aprendan más a partir de un diagnóstico profundo y de un tratamiento individualizado con el apoyo que le brindan los nuevos medios que dispone la escuela, la TV, el vídeo, la computación y el resto de los programas priorizados de la Revolución. Lo anterior debe **garantizar un trabajo educativo más eficiente con los adolescentes, al lograrse un mayor desarrollo de su conciencia, del espíritu profundamente solidario y humano, con sentido de identidad nacional y cultural de nuestro pueblo, del patriotismo socialista, creativo y transformador de la realidad en que vive.**

SOBRE LOS ALUMNOS DE LAS ESCUELAS EN CUBA

A. Manifestación de actitudes políticas y patrióticas de los alumnos.

a. Participa en las convocatorias y **movilizaciones políticas** y patrióticas.
b. Conoce y respeta los símbolos y atributos patrios.
c. Se siente orgulloso de ser cubano.
d. **Ama a la Revolución** y reconoce sus logros.
e. Es **antiimperialista** (reconoce al imperialismo yanqui como enemigo de la Revolución cubana y los pueblos, sabe por qué).
f. Conoce y respeta nuestras Leyes.
g. Participa en la **preparación política**.
h. Se informa sobre el acontecer nacional e internacional (prensa, radio, TV, etc.)
i. Participa activamente en matutinos y otras **actividades protagonizadas por los pioneros**.
j. Se proyecta en las **asambleas pioneriles**.
k. Es reflexivo, receptivo, crítico y autocrítico.

B. Participación del alumno en actividades culturales y deportivas.

a. Participa en concursos y eventos.
b. Participación en Círculos de Interés.
c. Labora en la **confección de murales y propaganda**.
d. Participa y se comporta en las actividades culturales.
e. Participa en la **emulación pioneril**.
f. Participa en las actividades de la comunidad.

... el adolescente cubano, debe estar plenamente **identificado con su nacionalidad y patriotismo**, al conocer y entender su pasado, enfrentar su presente y su preparación futura, adoptando conscientemente la **opción del socialismo**, que garantice la defensa de las conquistas sociales y la **continuidad de la obra de la Revolución**, expresado en sus formas de sentir, de pensar y de actuar.

FIN Y OBJETIVOS GENERALES DE LA SECUNDARIA BÁSICA

La escuela secundaria tiene como fin la formación básica e integral del adolescente cubano.

1. Demostrando su patriotismo, expresado en el **rechazo al capitalismo**, al **hegemonismo del imperialismo yanqui** y en la adopción consciente de la **opción socialista cubana**, el amor y respeto a los símbolos nacionales, a los héroes y los mártires de la Patria, a los combatientes de la Revolución y a **los ideales y ejemplos de Martí, el Che y Fidel**, como paradigmas del **pensamiento revolucionario cubano** y su consecuente acción.

2. Asumiendo sus compromisos jurídicos... cumpliendo responsablemente con los postulados de la **Organización de Pioneros José Martí (OPJM)** como expresión del deber social, en particular los referidos al estudio y al trabajo y su preparación por **ingresar en la Unión de Jóvenes Comunistas (UJC)**.

FIN Y OBJETIVOS ESPECÍFICOS DEL SÉPTIMO GRADO

Explicar el alcance de **la obra de la Revolución**.

Manifestar un sentimiento de **rechazo al capitalismo** y en particular al **imperialismo yanqui**... y la intransigencia contra la **dominación extranjera**.

Asumir las **tareas de la Organización de Pioneros José Martí (OPJM)**, en particular del estudio trabajo y **alcanzar las categoría de pionero explorador**.

Familiarizarse con los fundamentos básicos del **Poder Popular** e investigar y valorar cómo funciona en su localidad la **Federación de Mujeres Cubanas (FMC)**.

Vincularse con los centros laborales de su localidad, los **Círculos de Interés**, los medios de información, las tareas de la **OPJM**, el Programa de Ahorro de Energía del Ministerio de Educación (**PAEME**), la Federación Estudiantil de la Enseñanza Media (**FEEM**), y otras organizaciones de masas.

FIN Y OBJETIVOS ESPECÍFICOS DEL OCTAVO GRADO

Asumir su patriotismo a partir de dominar la importancia de la unidad de **intereses y fines de la Patria Socialista**.

Argumentar de forma independiente el **alcance de la obra de la Revolución** en el marco nacional e internacional su **carácter solidario e internacionalista**.

Estudiar individual y colectivamente la obra de **José Martí** (proyección histórica), el **Che** (su visión del movimiento revolucionario) y **Fidel** (situación del mundo actual).

Extraer conclusiones sobre los pueblos **tercermundistas** y apoyar su **lucha contra el imperialismo yanqui**.

Afianzar los sentimientos de **rechazo al sistema capitalista mundial**, al **hegemonismo yanqui** y la **globalización neoliberal**, al conocer los graves males generados por los **métodos de explotación, el carácter agresivo de su política exterior, la constante violación del derecho humanos de los pueblos**.

Respaldar el sistema de preparación **político ideológica, socialista y unidad en torno al Partido**.

Explicar por medio del estudio individual y colectivo los **principios de la democracia socialista** y su expresión en el **sistema electoral cubano**.

Manifestar **disposición de compromiso hacia la Revolución**.

FIN Y OBJETIVOS ESPECÍFICOS DEL NOVENO GRADO

En el noveno grado... el medio social exige a ellas y ellos grandes responsabilidades en la esfera de su educación. Su actividad docente se hace más compleja, se diversifican las asignaturas y la carga de actividades. La **Organización de Pioneros** pide un conjunto de **tareas revolucionarias** que aportan una identidad social a los adolescentes tempranos. **El adolescente toma muchas decisiones en el seno de los grupos de pioneros y bajo su influencia.** Cuando se logra un buen nivel de funcionamiento grupal, las normas morales que rigen la vida del destacamento se interiorizan y llegan a regular el comportamiento de sus integrantes. Tanto en la **Escuela al campo** como en la **Escuela en el campo**, en las **Fuerzas de Acción Pioneril (FAPI)**... les corresponde a los adolescentes asumir las exigencias laborales con un sentido de aporte social. Pero las exigencias socializadoras de la familia y del entorno comunitario cercano en algunos casos son inadecuadas. Hay adolescentes de secundaria cuyo **ambiente familiar o el micro medio social donde radica su hogar es desfavorable**, por condiciones inadecuadas de vida, o desatención de los padres, malos ejemplos familiares, etc. También pueden presentarse problemas por la falta de coherencia entre las exigencias escolares y las hogareñas.

Mostrar con firmeza el derecho de Cuba a mantener nuestra **identidad y soberanía nacional**, valorar la **unidad en torno al Partido** y su papel en el proceso revolucionario cubano, **enfrentar a todos los que pretenden frenar el desarrollo de la opción socialista**, así como los **intentos por obstaculizar o pretender el retroceso al pasado caracterizado por la opresión**.

Adoptar una actuación de **compromiso con la Revolución** a partir de dominar los rasgos fundamentales del **pensamiento humanista y revolucionario de Martí, el Che y Fidel**.

Ser protagónicos en la **Batalla de Ideas**, defendiendo y argumentando la evidencia del carácter histórico de **la agresividad de los EE UU —hacia la nación cubana y los países del Tercer Mundo**.

Tener una **atención protagónica en la OPJM** hacia los colectivos de séptimo y octavo grados... defendiendo la legalidad socialista como vía para su preparación e ingreso en las **organizaciones de masas y la UJC dentro del sistema político de la sociedad cubana**.

Expresar su **incondicionalidad hacia la Revolución** en las tareas de la **OPJM**, y del **PAEME**.

EL ENTORNO DE LA ESCUELA

Se necesita que todo el personal que interactúa en la escuela —ya sean factores internos o externos— tengan una misma representación de las **aspiraciones a lograr**, la necesidad de **unirse para lograrlo** y de **implicarse para alcanzar los objetivos** que se proponen, reconociendo mayores potencialidades en el **colectivo de profesores** para influir en los distintos grupos de agentes.

Las aspiraciones se asumen con independencia en cada escuela sin perder de vista la unidad en el cumplimiento del fin y los objetivos. El diagnóstico implica **conocer la situación educativa en que se encuentra cada alumno** y el grupo de alumnos, el nivel alcanzado en su formación integral, las **fuerzas que pueden influir en su desarrollo** y las que puedan entorpecerlas; así como las de los **docentes**, la **escuela**, su **familia** y el entorno en que vive.

SOBRE EL CONVENIO COLECTIVO DE TRABAJO

El llamado **Convenio Colectivo** de la escuela es una expresión del compromiso de los docentes, trabajadores, organizaciones políticas y de masas y de todos los agentes educativos de la escuela y la comunidad para trabajar en la formación y desarrollo de los estudiantes. El colectivo pedagógico asume profesionalmente la responsabilidad de dirigir y coordinar la labor de todos los agentes educativos y grupos que laboren en la conformación del convenio y en la búsqueda de las soluciones a los problemas educativos de la comunidad.

En el proceso de elaboración del convenio colectivo, es necesario

1. **Promover** el debate de los alumnos y la organización de pioneros, los padres y los demás agentes educativos en la búsqueda de las transformaciones a las que aspiran.
2. **Incluir** la valoración de las organizaciones estudiantiles, de masas, Consejo de padres, de la comunidad y de las estructuras de dirección superiores, acerca del cumplimiento de las metas parciales para el curso en cuestión.
3. **Determinar** cuáles fueron las potencialidades logradas, las barreras aun presentes en el trabajo y las insuficiencias individuales y colectivas.
4. **Establecer** compromisos individuales y colectivos para el cumplimiento de las aspiraciones y su responsabilidad en cada curso escolar y sean del conocimiento de todo el colectivo.
5. **Elaborar** el documento según lo legislado por la CTC para este organismo y sobre la base de los resultados obtenidos en el proceso de participación de los diferentes agentes educativos teniendo en cuenta los objetivos priorizados de la enseñanza.

SOBRE EL CONSEJO DE DIRECCION DE LA ESCUELA

El **Consejo de Dirección** de la Escuela lo integran el Director, el Secretario Docente, los Jefes de Grado, los Secretarios del Núcleo del PCC, del Comité de Base de la **UJC**, de la Sección Sindical y el Presidentes del **Consejo de Pioneros** y del **Consejo de Escuela**, así como el Representante de la **FEU** y el Médico escolar, el Subdirector Docente, el Administrador, y los Subdirectores de Internado y de Producción en las escuelas con internado y capacidad de producción de bienes.

El Consejo de Dirección de la Escuela es el máximo órgano de dirección, que dirige la estrategia educativa de la escuela y valora el cumplimiento de la política educacional. Su frecuencia de reunión es **mensual** y puede ser convocado de forma extraordinaria cuando el Director lo considere necesario.

Las Funciones del **Consejo de Dirección** son:
1. **Proyectar** las acciones que permitan actualizar sistemáticamente el diagnostico integral de la **escuela** y **comunidad** con la participación de la gestión externa e interna de la escuela?
2. **Realizar** análisis sistemáticos del cumplimiento de los indicadores de eficiencia del centro. Organizar, planificar, evaluar y controlar el **trabajo político ideológico**.
3. **Conformar** y evaluar sistemáticamente las metas a corto, mediano, y largo plazo.
4. **Evaluar** el cumplimiento del fin y los objetivos durante el desarrollo del curso escolar.
5. **Aprobar** el plan de trabajo para discutirse en el **Consejo Técnico**,[21] en el Claustro, el Consejo de Grado y en el Consejo de Escuela.
6. **Determinar** las estrategias diferenciadas en la atención a los docentes y alumnos.?
7. **Aprobar** los resultados del sistema de evaluación del escolar.
8. **Planificar** el Sistema de control e inspecciones de la escuela?
9. **Atender** y estimular a sus cuadros y trabajadores.

SOBRE LOS CONSEJOS DE GRADO DE LA ESCUELA

En cada grado de la escuela debe organizarse y funcionar un **Consejo de Grado**, integrado por un Jefe del Consejo de Grado y todos los Profesores Generales Integrales, los de Educación Física y de Inglés del grado, y los instructores de arte que atienden el grado.

---

[21] El **Consejo Técnico** lo preside y dirige el Director. Está integrado por el Subdirector (si corresponde por la matrícula del centro), los Jefes de Grado, el Secretario Docente, el Guía Base, y la Bibliotecaria. Su misión es debatir sobre los temas de mayor repercusión para la labor docente educativa de la escuela. Su frecuencia es **mensual**.

Las Funciones del Consejo de Grado son:

1. **Proyectar** y ejecutar el proceso pedagógico y el correcto uso del Expediente Acumulativo del Escolar.
2. **Diseñar** y **valorar** la caracterización de cada alumno y grupo de alumnos, precisando las estrategias para la atención a las diferencias individuales.
3. **Planificar** y analizar el cumplimiento del sistema de actividades en función de los objetivos del grado, y proponer formas y vías para lograr la interdisciplinariedad. Planificar, controlar y evaluar el desarrollo del proceso docente educativo y buscar soluciones a los problemas que se presentan.
4. **Planificar**, **controlar** y **evaluar** el trabajo de los **tutores** y la evolución de los *Profesores Generales Integrales* en formación. Planificar, ejecutar y evaluar el sistema de evaluación del escolar.
5. **Coordinar** las acciones para el desarrollo del trabajo Pioneril.
6. **Diseñar** estrategias para el trabajo con la familia, la comunidad y la atención diferenciada a los alumnos.

SOBRE EL CONSEJO DE ESCUELA

El **Consejo de Escuela** es una organización educacional que tiene a su cargo promover la participación plena de los padres y madres en la educación social de sus hijos/hijas, así como de otras instituciones y organizaciones de la comunidad. Su frecuencia es **mensual**.

Las Funciones del Consejo de Escuela son:

1. **Comprometer** a los padres a que sus hijos/hijas cumplimenten las tareas educacionales.
2. **Incorporar** a los padres activamente a la vida de la escuela, en la organización de las diferentes actividades educativas, así como el trabajo educativo en la comunidad.
3. **Analizar** la contribución de los padres al desarrollo del currículum escolar.

SOBRE EL CLAUSTRO DE LA ESCUELA

El claustro lo preside y conduce el director y participan todos los profesores del centro, los representantes de las organizaciones, incluyendo la estudiantil. Deben desarrollarse como mínimo tres reuniones en el curso escolar (Septiembre, Enero y Junio).

Las Funciones del Claustro de la Escuela son:

1. **Concienciar** y comprometer a los profesores con las transformaciones educacionales.
2. **Analizar** los resultados en los indicadores de eficiencia del centro y su comparación con iguales etapas de otros cursos. Principales dificultades.

3. **Discutir** colectivamente las estrategias que propicien el cumplimiento de las aspiraciones educativas a lograr por la escuela.
4. **Analizar** los resultados de la evaluación profesoral hasta el momento.
5. **Estimular** a los profesores con un mejor trabajo en el centro.

SOBRE EL PROFESOR GENERAL INTEGRAL

Según la cantidad y capacidad de los locales de la escuela se crearán aulas de 15, 30 y 45 alumnos. Las aulas de 15 serán atendidas por un **Profesor General Integral (PGI)**, las de 30 por dos profesores generales integrales y las de 45 por tres PGI, que trabajan en forma cooperada en la codirección del proceso pedagógico. El funcionamiento de las aulas de 15, 30 y 45 alumnos, presupone tener claridad de lo que significa para el profesor general integral dar atención diferenciada a sus 15 alumnos.

Es el Profesor General Integral (PGI) quien tiene la principal responsabilidad de **orientar a los estudiantes y a sus familias**, en la toma de decisiones... El **Profesor General Integral (PGI),** trabajando con alumnos que están a su cargo durante tres cursos, adolescentes y educadores, mantiene un estrecho intercambio comunicacional, que abarca múltiples aspectos de la vida del estudiante, desde el **tipo de relaciones que se establecen en su hogar**, su **desenvolvimiento en el grupo de condiscípulos** y en otros ambientes grupales informales, **su forma de pensar**, etc...

Las Funciones del Profesor General Integral son:

1. Ser el **único responsable** de la dirección del proceso educativo y del proceso de enseñanza-aprendizaje, así como de la dirección del sistema de actividades que se desarrollen en el aula.
2. Ser el **profesor-guía del destacamento pioneril**, organizador del sistema de actividades semanales incluyendo las clases, y ser el máximo responsable del cumplimiento de las mismas.
3. Ser el **preceptor y orientador** de la educación de sus pioneros, teniendo presente que la escuela debe prepararlos para la vida y para **continuar la obra revolucionaria de nuestro país**.
4. Debe realizar el **diagnóstico** integral de cada uno de sus 15 pioneros y en función de los resultados, trazar la estrategia individual y grupal. Compartirá dichos resultados y estrategias educativas, con los **familiares** de cada uno de sus pioneros para que en unidad de acción educativa se logre el crecimiento personal y el aprendizaje de los mismos. Lo que se desea es **comprender al padre, o a la familia mediante diversas evaluaciones**.
5. Participar activamente junto a sus alumnos en las **actividades políticas, culturales, recreativas, deportivas, laborales, y de orientación profesional** que se programen.
6. Ser un **observador sistemático de los modos de actuación de cada uno de sus pioneros** para traducir posteriormente dichos comportamientos en contenidos de enseñanza-aprendizaje y promo-

ver reflexión y debate sobre los mismos.
7. Debe **saber con todo detalle** lo que cada uno de sus alumnos sabe, puede hacer y **siente**, a partir de una evaluación permanente.

SOBRE LA CARACTERIZACION DE LAS FAMILIAS POR EL PROFESOR GENERAL INTEGRAL

Algunas de las necesidades de la escuela sólo se reconocen con la **caracterización y el diagnóstico de las familias de los escolares**. Es necesaria una concepción, así como un sistema de procedimientos para llevar adelante esta labor. Diagnosticar es una actividad científica que requiere sistematicidad; no se trata de algo ocasional, sino de **todo un plan con procedimientos, métodos e instrumentos previamente determinados**.

Los diagnósticos nos permiten contrastar con relativa seguridad lo que hemos evaluado, digamos a una familia mediante determinadas categorías diagnósticas preestablecidas. No es muy distinta que los diagnósticos que emergen en las evaluaciones de los escolares.

El éxito de la aplicación del **sistema de evaluación del escolar** tiene como punto de partida el proceso de entrega pedagógica y su seguimiento, ya sea de la enseñanza primaria a la secundaria básica o de un grado a otro de esta última. El Sistema de Evaluación tiene en cuenta: el diagnóstico integral del alumno, que incluye **su estado de salud** avalado por el médico de familia o del centro, la **situación ambiental** del aula y la escuela, así como la **caracterización de la familia**. Las visitas sistemáticas al hogar del alumno son esenciales para el diseño de **estrategias de intervención** acorde a los resultados del diagnóstico. El estudio de las actividades docentes, extra clases y **pioneriles**, así como las diferentes vías de la evaluación del proceso educativo, tanto en cantidad como en los niveles de desempeño, son esenciales en conocimiento de los alumnos. El análisis mensual permite la evolución de las **principales insuficiencias hasta su total erradicación**.

SOBRE LOS PIONEROS Y LAS ASAMBLEAS PIONERILES

Como ya hemos mencionado, al ingresar en la secundaria básica el medio social exige a los estudiantes grandes responsabilidades en la esfera de su educación. Su actividad docente se hace más compleja, se diversifican las asignaturas y la carga de actividades. La **Organización de Pioneros** pide un conjunto de **tareas revolucionarias** que aportan una identidad social a los adolescentes tempranos. El adolescente toma muchas decisiones en el seno de los grupos de pioneros y bajo su influencia. Cuando se logra un buen nivel de funcionamiento grupal, las normas morales que rigen la vida del grupo se interiorizan y llegan a regular el comportamiento de sus integrantes. Tanto en la Escuela al campo como en la Escuela, como en las Fuerzas de Acción Pioneril (FAPI), o en otras modalidades que desarrolle la escuela como parte de su formación, les corresponde a los adolescentes asumir las exigencias laborales con un sentido de aporte social. El trabajo productivo y socialmente útil debe ofrecer al alumno adolescente la posibilidad de sentirse responsable, de mostrarse a sí mismo y a los adultos lo que es capaz de hacer. Pero las exigencias socializadoras de la familia y del entorno comunitario cercano en algunos casos son inadecuadas. Hay adolescentes de secundaria cuyo ambiente familiar o el micro medio social donde radica su hogar es desfavorable, por condiciones inadecuadas de vida, o desatención de los padres, malos ejemplos familiares, etc. También pueden presentarse problemas por la falta de coherencia entre las exigencias escolares y las hogareñas.

Esas decisiones tienen que desarrollarse en su tránsito por esta educación y es el **Profesor General Integral** quien tiene la principal responsabilidad de orientarlos, a él y a su familia, en la toma de decisiones. Un aspecto central en la caracterización del adolescente lo constituyen sus orientaciones valorativas, que ocuparán una posición reguladora en su personalidad. Esas orientaciones se van consolidando a finales de esta etapa sobre la base de los mayores conocimientos, y la experiencia moral obtenida en el marco grupal, escolar y familiar.[22]

SOBRE LAS EVALUACIONES DE LOS ESTUDIANTES

Las evaluaciones de los estudiantes tienen un doble componente: lo **educativo** y lo **instructivo**. Una evaluación sistemática se desdobla en dos notas, pero se refiere a una misma persona, el adolescente en forma-

---

[22] El **Movimiento Pioneril Cubano** se remonta a 1931, cuando la **Liga Juvenil Comunista** creó la **Liga de los Pioneros**. A esta organización pertenecieron varios de los líderes estudiantiles involucrados en la Revolución de 1933. En 1961 se fundó la **Unión de Pioneros Rebeldes (UPR)**, que en 1962 se convirtió en la **Unión de Pioneros de Cuba (UPC)**, que tuvo hasta 1966 un carácter selectivo y semi-secreto. En 1977 en el III Congreso de la **UJC**, se determinó convertir la UPC en la **Organización de Pioneros "José Martí" (OPJM)**.

El emblema de los pioneros está compuesto por dos triángulos, uno rojo sobre otro azul. El triángulo rojo supuestamente representa la sangre derramada en la lucha por la libertad; en su centro se destaca una estrella solitaria, como expresión de que la isla es un país libre y soberano. El triángulo azul representa el cielo de Cuba. Los tres vértices del triángulo significan *estudiar*, *trabajar* y *luchar* por la "patria socialista." Atraviesa el triángulo por su parte inferior una banda de color azul con el nombre de la organización, o simplemente "*Martí*." Sobre el triángulo, tres lengüetas de fuego simbolizan: la mayor, **El Partido Comunista de Cuba**, la mediana, **La Unión de Jóvenes Comunistas**, y la menor, la **Organización de Pioneros "José Martí"**. En el centro de esta última, hay a su vez, dos lengüetas más pequeñas que simbolizan las dos etapas de la Organización: la etapa Moncadista y la bautizada "*José Martí*."

Una pañoleta (azul o roja) es parte del atuendo fundamental de los pioneros, el símbolo que identifica a los niños como miembros de la organización. Tiene la forma de un triángulo isósceles y sus vértices son señalados como *estudiar*, *trabajar* y *luchar* por las conquistas de la Revolución. Los pioneros *Moncadistas* usan la pañoleta de color azul, que representa el cielo de la isla de Cuba, y los *José Martí*, usan la pañoleta roja como símbolo de la sangre derramada por los héroes y mártires Cubanos. La pañoleta se lleva a todas las actividades pioneriles y escolares; se usa con el uniforme escolar y con la ropa adecuada para la exploración y el campismo, colocada sobre los hombros. Ambos extremos de la pañoleta se unen sobre el pecho, con un nudo marinero.

El lema pioneril es **Pioneros por el Comunismo, ¡Seremos como el Che!**. El lema fue adoptado en 1968 como señal internacionalista, según el deseo expresado por Fidel Castro de que el ejemplo de Ernesto Guevara (el Che) fuera el modelo a seguir por niños y adolescentes.

ción. A continuación se precisan 9 indicadores desglosados en parámetros, los que se consideran una guía para indicar a los profesores sobre **qué aspectos deben tenerse en cuenta en las observaciones cotidianas y sistemáticas de sus alumnos**, y responden a los objetivos formativos del Modelo de Secundaria Básica, cubriendo los comportamientos propios de los adolescentes ante el estudio, el aprendizaje, la vida de la escuela, en la familia, el trabajo y las actividades político, patrióticas y pioneriles en general.

1. **Asistencia**.
a. Asistencia diaria a clases.
b. Puntualidad en las actividades.

2. **Actitud ante el estudio**.
a. Realiza las tareas docentes en la casa.
b. Cumple con las tareas docentes orientadas en la clase.
c. Lee y trabaja con los libros de textos, software, etc.
d. Se esfuerza para aprender y obtener buenos resultados.
e. Atiende y realiza las actividades orientadas en las teleclases.

3. **Actitud ante el trabajo**.
a. Colabora en los trabajos socialmente útiles en el centro escolar o en la comunidad.
b. Participa en movilizaciones productivas.
c. Trabaja y ayuda a sus compañeros.
d. Participa y contribuye en la campaña contra el mosquito.
e. Participa y contribuye en las modalidades de la actividad laboral.

4. **Disciplina**.
a. Se concentra y atiende en las actividades del aula.
b. Se comporta adecuadamente en el centro.
c. Practica las normas de educación formal (saluda, agradece, es cortés, habla en tono adecuado según el lugar).
d. Cumple las normas de estudio en la Biblioteca.
e. Cumple las normas para el estudio en los laboratorios.
f. Cumple con las normas para el trabajo en los Talleres.
g. Cumple con las normas para las visitas a museos.
h. Cumple con las normas para las actividades del Palacio Pioneros.
i. Autorregula su comportamiento según el lugar.
j. Se esfuerza por ser cada día mejor.
k. Se propone metas para mejorar.

5. **Uso adecuado del uniforme y de los atributos pioneriles**.
a. Se preocupa por su porte y aspecto personal.
b. Utiliza adecuadamente los Atributos pioneriles.
c. Preserva los atributos pioneriles.

6. **Manifestación de actitudes Políticas Patrióticas**.
a. Participa en las convocatorias y movilizaciones políticas y patrióticas.
b. Conoce y respeta los símbolos y atributos patrios.
c. Se siente orgulloso de ser cubano.

d. Ama a la Revolución y reconoce sus logros.
e. Es antiimperialista (reconoce al imperialismo yanqui como enemigo de la Revolución cubana y los pueblos, sabe por qué).
f. Conoce y respeta nuestras Leyes.
g. Participa en la preparación política.
h. Se informa sobre el acontecer nacional e internacional (prensa, TV, etc.)
i. Participa activamente en matutinos y otras actividades protagonizadas por los pioneros.
j. Se proyecta en las asambleas pioneriles.
k. Es reflexivo, receptivo, crítico y autocrítico.

7. **Participación en actividades culturales y deportivas**.

a. Participa en concursos y eventos.
b. Participación en Círculos de Interés.
c. Labora en la confección de murales o propaganda.
d. Participa y se comporta en las actividades culturales.
e. Participa en la emulación pioneril.
f. Participa en las actividades de la comunidad.

8. **Cuidado de la propiedad social y del medio ambiente**.

a. Cuida y embellece su aula y la escuela.
b. Preserva los medios de la escuela.
c. Cuida sus libros y libretas.
d. Respeta, no toca y no coge las pertenencias ajenas, sin autorización.
e. Mantiene la limpieza e higiene del lugar donde se encuentra.
f. No contamina el ambiente.
g. En las visitas o excursiones cuida la flora y la fauna del lugar.

9. **Relaciones humanas**.

a. Muestra afectividad en sus relaciones, es amistoso y tiene buenos modales.
b. Es altruista.
c. Es colectivista.
d. Se solidariza con los demás.
e. Es honesto y sincero.
f. Tiene sentido de la autoestima personal.
g. Tiene un sentido de la vida, con motivaciones e intereses para llegar a ser alguien de bien.
h. Tiene sentido de la estimación y consideración de los demás.
i. Es respetuoso, con sus compañeros, maestros, familiares u otras personas.
j. Es sensible ante los problemas de sus compañeros.

Raúl Eduardo Chao recibió su doctorado de la Universidad Johns Hopkins y después de un breve paso por la industria estuvo 18 años en el mundo académico, como Profesor Titular y Director de los Departamentos de Ingeniería Química en las Universidades de Puerto Rico y Detroit. En 1986 fundó una firma de consultoría enfocada a ayudar a empresas y agencias gubernamentales a desarrollar un ambiente de trabajo positivo e implementar técnicas de mejorar procesos para asegurar aumentos simultáneos en productividad y calidad. El *Grupo Systema* tuvo como clientes empresas de las catalogadas como *Fortune 100* y diversas organizaciones federales y estatales, tanto en los EE.UU. como en el extranjero. Como Presidente de Systema, Chao ha escrito más de 30 libros sobre gerencia, política, ciencias e Historia de Cuba, y numerosos artículos en periódicos y revistas. Él y su esposa Olga viven en Lakeland, Florida.

www.ingramcontent.com/pod-product-compliance
Lightning Source LLC
Chambersburg PA
CBHW030524080526
44586CB00011B/316